管理会计与实训教程

（下篇·实训教程）

主　编　谢月丹　王文俐　陈雅檀

副主编　董肖群　毕馨予　党　珂

电子科技大学出版社
University of Electronic Science and Technology of China Press

· 成都 ·

图书在版编目(CIP)数据

管理会计与实训教程／谢月丹，王文俐主编. 一成
都：电子科技大学出版社，2022.5
ISBN 978－7－5647－9664－8

Ⅰ. ①管… Ⅱ. ①谢… ②王… Ⅲ. ①管理会计－高
等职业教育－教材 Ⅳ. ①F234.3

中国版本图书馆 CIP 数据核字(2022)第 078273 号

管理会计与实训教程
谢月丹　王文俐　主　编

策划编辑　陈松明　熊晶晶
责任编辑　熊晶晶

出版发行　电子科技大学出版社
　　　　　成都市一环路东一段 159 号电子信息产业大厦九楼　邮编 610051
主　　页　www. uestcp. com. cn
服务电话　028－83203399
邮购电话　028－83201495

印　　刷　天津市蓟县宏图印务有限公司
成品尺寸　185mm×260mm
印　　张　31
字　　数　655 千字
版　　次　2022 年 5 月第 1 版
印　　次　2022 年 5 月第 1 次印刷
书　　号　ISBN 978－7－5647－9664－8
定　　价　39.80 元（下篇）

PREFACE
序　言

2014 年 10 月，《财政部关于全面推进管理会计体系建设的指导意见》的颁布，开创了国内管理会计发展的新纪元。财政部《会计改革与发展"十四五"规划》在继"十三五"规划强调大力发展管理会计要求后，再一次明确了管理会计的重要性。会计人员转型迫在眉睫，管理型财会人才是大势所趋。

2021 年 3 月 12 日，教育部公布《职业教育专业目录（2021 年）》（简称《专业目录》，下同），财务管理专业、会计专业分别更名为大数据与财务管理专业、大数据与会计专业。为顺应《专业目录》要求，使职业教育更符合现代产业发展，对接经济发展需求，加速产教深度融合，本书应运而生。

本书不仅介绍了管理会计的基本框架和基本理论，而且创新了教材的编写思路，分为上、下两篇。目的是让学生在学习专业知识的同时，掌握管理会计各岗位"工作过程"中岗位技能的核心内容，以及岗位之间的协同能力，使知识融会贯通。上篇以项目为引导、以任务为引领，主要介绍管理会计的基本概念框架、基本理论和管理会计的基本方法。每一项目下有学习目标、德技双修、前沿发展、任务提示、课后讨论、思维导图、自测互评等。这些设计有助于教师明确教学目标，检验学生学习情况，并能引导学生主动思考问题，开展自测。下篇模拟企业典型管理会计岗位，即资金管理岗位、成本管理岗位、营运管理岗位、绩效管理岗位，采用四岗位协同作业，计算小组成绩，增强团队意识。这种训练方式重视单岗位专业应用和多岗位工作协同，使学生学习逻辑逐渐清晰，对管理会计的诸多领域能够融会贯通。

本书的特色及创新之处主要体现在以下几方面。

（1）融入思政元素。本书设有"德技双修"，根据不同项目的特点，融入不同的思政元素，可以从教材源头进行思政教育，实现人才核心价值观、职业道德、法律意识与专业素质的综合培养。

（2）符合《专业目录》要求。大数据应用已经融入会计行业的方方面面，我们的教材和课程建设也应与时俱进。传统教材的实训项目通常仅是训练到管理会计的一两个领域，缺少对企业整体数据的融会贯通。而本书下篇的实训案例是针对一个企业贯穿始终，选取企业为家居装饰服务性公司，贴近生活。站在全局视角给学生提供企业的战略地图和全部门管理制度，要求学生融合业务实情进行实战模拟。

（3）操作性强。下篇模拟企业典型管理会计岗位，使学生掌握管理会计各岗位"工作过程"中岗位技能的核心内容，以及岗位之间的协同能力，从而实现与就业之间的无缝对接。

本书由山西经贸职业学院谢月丹、王文俐，邵阳职业技术学院陈雅檀担任主编；广东行政职业学院董肖群、昆明工业职业技术学院毕馨予、河南信息统计职业学院党珂担任副主编。编写分工如下：谢月丹编写项目一至项目四和上篇附录，王文俐编写项目五至项目八和下篇附录，陈雅檀编写项目九至项目十一，董肖群编写实训一，毕馨予编写实训二和实训三，党珂编写实训四和实训五。

由于时间及水平有限，教材中难免有错误和疏漏，恳请广大读者和学界专家批评指正！

编　者

CONTENTS
目录

下篇　实训教程

下篇　实训教程

实训一

基础资料

实训目标

1. 通过对企业基础背景资料的了解,让学生掌握企业基本概况和相关管理制度。

2. 让学生对企业岗位设置、人员配备、管理实施、绩效评价等有有一个概略的认知。

3. 增强学生对本课程重要性的认知,以激发其对课程学习的热情和动力。

4. 树立学生就业与岗位观念,培养其敬业精神,增强其岗位意识,为日后走上工作岗位打下基础。

德技双修

干一行爱一行,专一行精一行

"爱一行",是做好所有工作的前提,青年一代要在自己的日常工作中倾注热情和心血,自然而然的在"爱一行"的过程中提升自己的各项专业能力、工作能力,我们要以"踏石留印、抓铁有痕"的劲头对待工作,在学中干,在干中学,提高专业素养,补齐专业短板,真正做到爱一行干一行、专一行精一行。

资料一　企业概况

一、公司基本资料

（一）工商注册及资质证明

公司名称	×××装饰有限公司
纳税人识别号	91370200964927××××
公司类型	有限责任公司
营业期限	2015年1月12日至无固定期限
人员规模	50~200人
注册资金	1000万元
公司法人	吴××
公司地址	××省××市××区××街××号
营业执照范围	建筑装饰装修工程、建筑幕墙工程、钢结构工程、消防工程、水电工程、建筑装饰设计和施工,石材、建筑幕墙、铝制品、金属门窗、建筑装饰材料、五金材料、家具、景观、木制品销售,建筑装饰工程勘测、咨询、设计、监理
邮政编码	××××××
电子信箱	×××××@tylancheng.cn

（1）公司股权结构,见表2-1-1

表2-1-1　公司股权结构表

序号	股东姓名称	持股比例（100%）
1	吴××	60%
2	赵××	30%
3	张××	10%

（2）资质证明材料如图 2 - 1 - 1 所示。

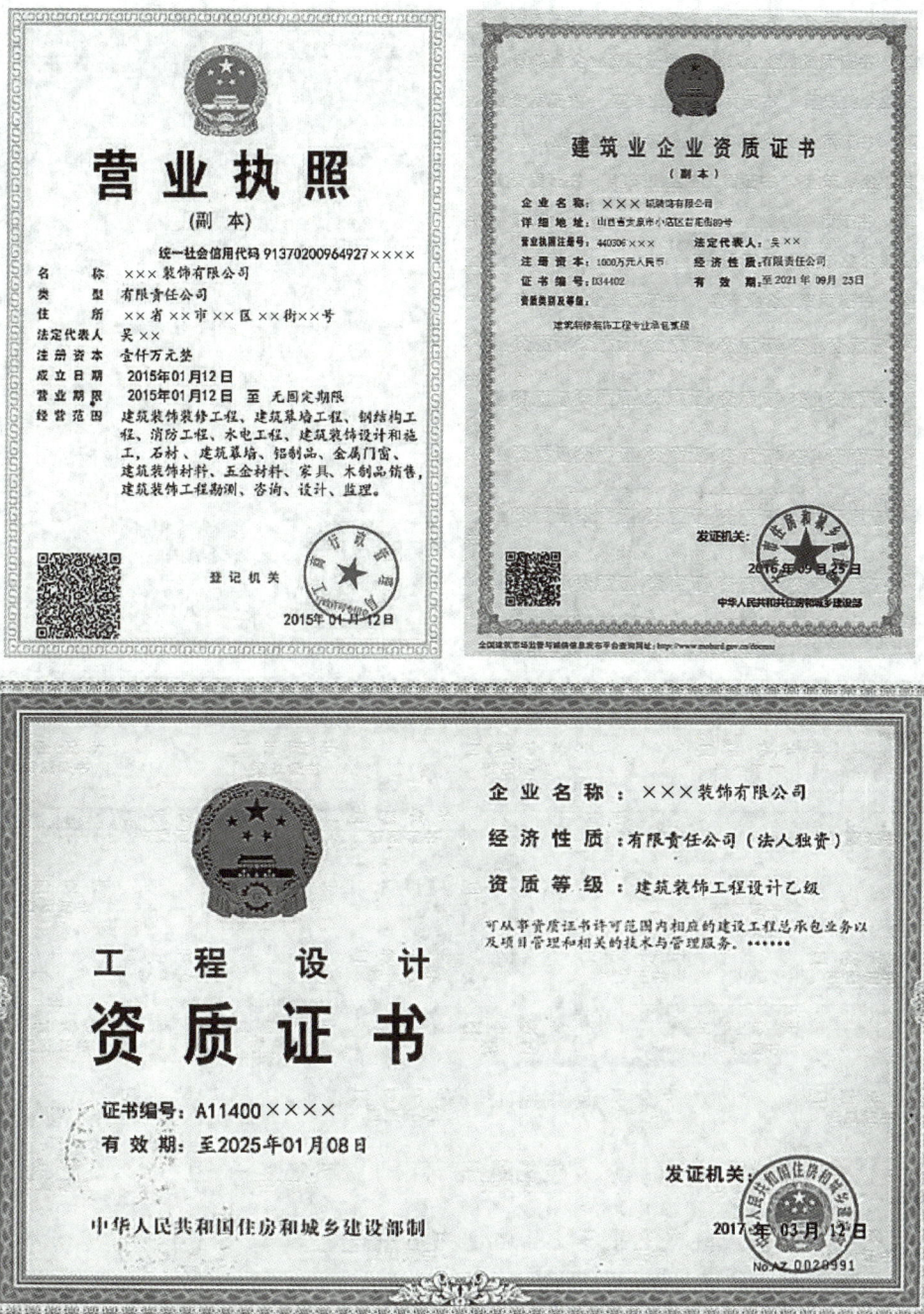

图 2 - 1 - 1　资质证明材料

实训一　基础资料

259

企业名称：×××装饰有限公司

资质等级：乙级

业务范围：建筑装修装饰工程施工乙级
可从事资质证书许可范围内相应的建设工程总承包业务以及工程设计、工程施工、项目管理和相关的技术与管理服务。
......

工程设计与施工
资质证书

证书编号：CW11400××××
有效期：至2023年04月22日

发证机关
2017年04月22日

中华人民共和国住房和城乡建设部制

No.CZ0022031

安全生产许可证

编号：（晋）SX安许证字 〔2016〕 050×××

单 位 名 称：×××装饰有限公司

主要负责人：吴××

单 位 地 址：××省××市××区××街××号

经 济 类 型：有限责任

许 可 范 围：建筑施工

有 效 期：2016年06月12日至2026年06月12日

国家安全生产监督管理总局 监制

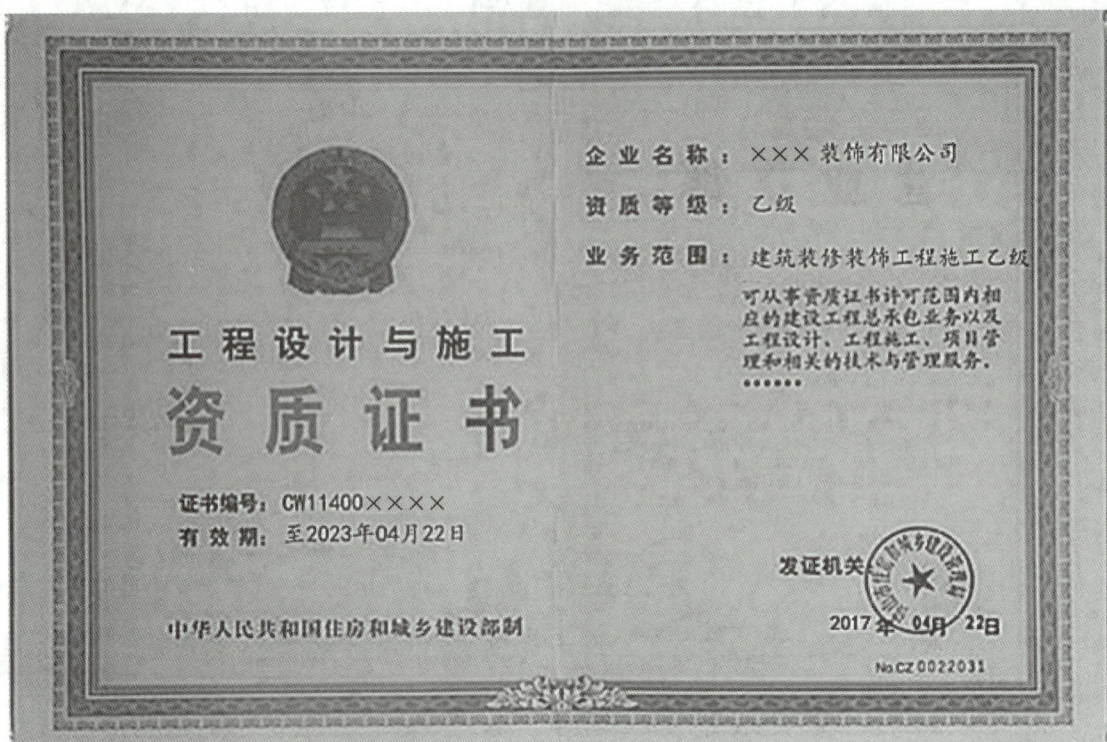

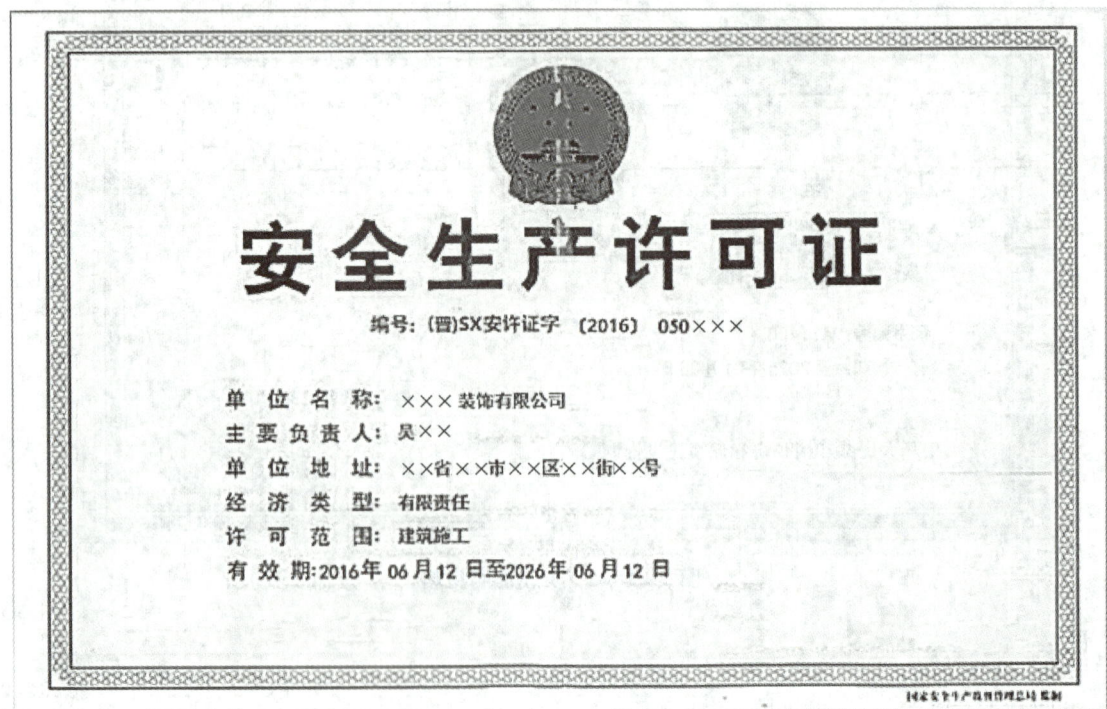

图 2-1-1 资质证明材料（续）

环境管理体系认证证书

证书编号：00108E20897R0L/3502
兹证明
×××装饰有限公司
山西省太原市小店区苗阳街89号

建立的质量管理体系符合标准：
ISO14001:2004
GB/T 24001-2004
通过认证范围如下：
建筑装饰、建筑幕墙工程设计、建筑装修装饰工程、建筑幕墙工程专业承包

首次发证日期：2016年06月12日 本次发证日期：2016年06月12日 有效期至：2033年05月12日

LexXS   IAF   吴××   IQNet
Signed by Wu Kaixin

中国质量认证中心
中国·北京·南四环西路188号A区 100070
http://www.cqc.com.cn

E-0001027   2008年版

企业信用等级证书
CERTIFICATE OF ENTERPRISE CREDIT GRADE

×××装饰有限公司

北京国富泰信管理有限公司对×××装饰有限
公司的信用状况进行了评定，结果为AAA。
评级时间：2017年5月，特发此证。
This is to certify that ×××
Decoration Co,Limited is rated as AAA credit grade
by China National Credit Information Service Co,Ltd.
Evaluation time:April.2017

证书编号：20172P3717491001
Certificate Number 20172P3717491001

发证日期：2017年05月10日
Date of Issue 10.Apr.2017

有效期至：2020年05月10日
Date of Expiry 10.Apr.2020

查询网址：（协会网址）
Enquiring Website www.antifraud.gov.cn

证书说明：
Notes:

1、企业信用等级自评定之日起有效期为三年。
The enterprise credit grade is valid for 3 years starting from the date of issue.

2、企业信用等级实行复审制度，有效期内，每年复审一次，经复审合格的，加盖复审章后可继续使用；信用状况发生变化的，需重新评定信用等级并更换证书。
The credit grade should be re-examined every year in the period of validity. If the credit status has changed, the credit grade should be re-evaluated and the certificate should be changed.

3、有效期内企业改变名称的，必须持证到发证单位办理变更手续。
If the enterprise changes name in the period of validity, it shall take the certificate to the issue unit to go through the formalities for the change.

4、本证书只证明企业在有效期内的信用状况，不作他用。
The certificate is only used to prove the credit status in the period of validity.

5、本证不得涂改、转借。
Modifications or use by any other person is not allowed.

复审记录：
Re-examination record：

中国国际电子商务中心
China International Electronic Commerce Center
北京国富泰信用管理有限公司
China National Credit Information Service Co., Ltd.
（商务部国资委推荐商务领域信用服务机构）

图 2-1-1 资质证明材料（续）

图 2 - 1 - 1　资质证明材料(续)

(二)主营业务

　　×××装饰有限公司是以"家"为核心的深度垂直服务闭环的一站式家居装修服务公司。×××装饰公司成立于 2009 年 5 月,是一家以室内装饰为主体,融幕墙、铝制品、建筑材料、工程勘测、咨询、设计、监理、家具、景观、艺术品、智能、广告等为一体的专业化装饰集团。公司主要承接的项目包括住宅、公寓、别墅的装饰装修设计、施工及其他设计工程。公司拥有"建筑装修装饰工程专业承包二级""建筑装饰工程设计乙级""建筑装修装饰工程施工乙级"等资质证书,具备承接居住和普通写字楼建筑装饰工程的资格和能力。具体现如 2 - 1 - 2。

表 2 - 1 - 2　装修资质明细表

类别	等级	作业内容
设计 资质	甲	甲级设计资质:可承担各类室内装饰工程设计
	乙	乙级设计资质:可承担工程造价 1500 万元人民币以内的室内装饰工程设计
	丙	丙级设计资质:可承担工程造价 1000 万元人民币以内的室内装饰工程设计

类别	等级	作业内容
施工资质	甲	甲级施工资质:可承担各类室内装饰工程的施工
	乙	乙级施工资质:可承担工程造价1500万元人民币以内的室内装饰工程施工
	丙	丙级施工资质:可承担工程造价800万元人民币以内的室内装饰工程施工
	丁	丁级施工资质:可承担工程造价100万元人民币以内的室内装饰工程施工
总承包	一级	可承担各类建筑室内、室外装修装饰工程(建筑幕墙工程除外)的施工
	二级	可承担单位工程造价1200万元以下建筑室内、室外装修装饰工程(建筑幕墙工程除外)的施工
	三级	可承担单位工程造价60万元以下建筑室内、室外装修装饰工程(建筑幕墙工程除外)的施工

(三)公司的治理结构关系

公司的治理结构关系,如图2-1-2所示。

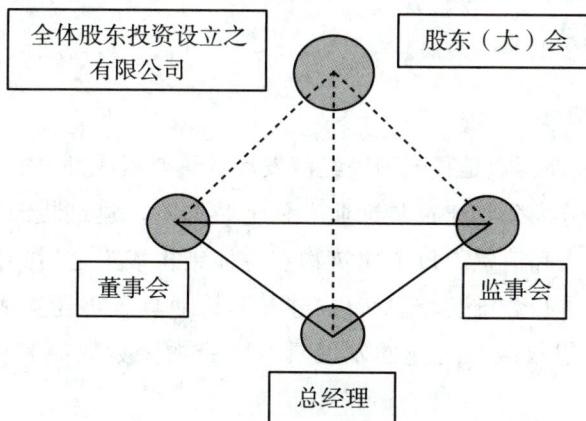

图2-1-2 公司的治理结构关系

(四)公司的组织结构

公司的组织结构,如图2-1-3所示。

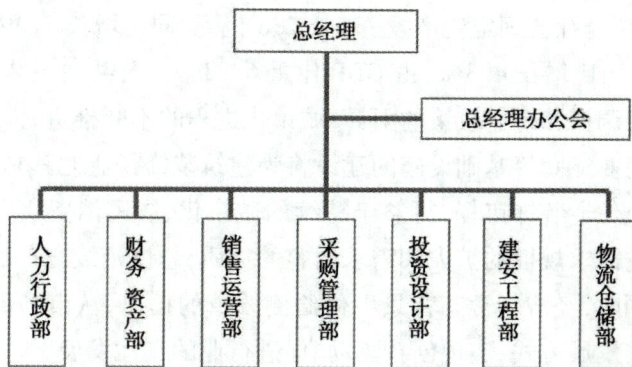

图2-1-3 公司的组织结构

263

二、公司文化

以标准化、产业化、精细化的产品和服务理念，致力于改变传统家装行业工期冗长、服务不规范、价格不透明的现状；为业主提供了一个最高效精准的途径，让他们可以找到匹配的设计师，获取满意的设计服务。

（一）公司的愿景

公司的愿景是打造一个开放、互动、共享的家装平台。

（二）公司的使命

公司的使命是"以诚为本，送福至家"。

（三）公司的价值观

公司的价值观是从"房"到"家"全屋定制，将高标准化、高专业化、高透明化、高效率化做到极致。

三、行业发展概况

（一）行业的主要特点

公司所处的建筑装饰行业是我国国民经济发展的重要组成部分。根据建筑物使用性质的不同，建筑装饰业划分为公共建筑装饰业和住宅装饰业。建筑装饰行业具有重复实施的特点，并不是一次性投入和消费。每个建筑物在主体结构竣工之后到使用寿命结束的整个生命周期内，需要多次进行装饰装修。所以，建筑装饰业具有重复实施的特点，并不是一次性投入和消费。因此，建筑装饰行业的发展具有一定的乘数效应和市场需求可持续性的特点。

（二）行业发展阶段

近年来，我国经济发展呈现"新常态"发展特点：经济增长由高速增长向中高速增长转变；经济发展结构不断优化升级；经济发展由要素驱动、投资驱动向创新驱动转变。今年我国宏观经济稳中向好，全社会固定资产投资 641 238 亿元，同比增长 7.0%；全社会建筑业增加值为 55 689 亿元，同比增长 4.3%，占 GDP 比重 6.73%。公共建筑装饰行业依然保持平稳的发展。国家宏观调控和行业政策的引导，城镇化进程的不断推进，人民对生活质量的追求，以及生活、交通商业配套等基础设施的建设将为建筑装饰行业尤其是公共建筑装饰行业提供新的发展动能。住宅装饰市场，得益于持续的城镇化、居民消费实力的增强、房地产市场的刚性需求等市场需求规模的扩大和需求内容的提质，总体延续之前稳定增长的态势，市场规模不断扩大。同时，经济新常态背景下供给侧改革的提出，从市场供给的角度出发，推动住宅装饰市场转变发展方式，实现创新驱动，促进行业的良性发展。

——来源：国家统计局《2017 中国建筑装饰行业发展报告》

（三）行业发展趋势

2021年建筑装饰行业总体上呈现平稳发展，但行业集中化程度不高的格局依然存在。中长期看，建筑装饰行业面临集中化度提高与产业升级两大趋势。根据行业发展规律，要素将逐步向行业龙头集中，大公司不断扩张，小公司逐渐退出，从而伴随行业集中度的提高，建筑装饰行业在经历过较为充分的市场竞争后，已进入加速优胜劣汰、行业集中度提高的阶段，未来龙头公市场占有率将明显提升。同时，在消费升级的带动下，下游客户对产品设计、施工、服务的要求显著提高，进而推动行业技术级与创新，未来设计理念先进、施工水平精湛、成本管理优秀、客户体验优质的公司将脱颖而出。

四、公司所处的行业地位

（一）公司的经营模式

公司以用户装修需求为前提，以优质供应商为基础，提供优质家庭装修系列配套服务，是集设计、装修、建材、家居领域为一体的家装企业。公司坚持自主组织设计和施工，严格执行 ISO9001:2000 质量管理体系、ISO14001 环境管理体系和 OHSAS18001 职业健康安全管理体系"三标一体化"认证的标准。公司制定了严格的质量控制标准、质量控制措施、产品质量纠纷解决方案，对施工过程的各个环节实行严格的质量控制和监督，打造出过硬的施工管理体系。

（二）公司的核心竞争力

1. 品牌优势

公司严把产品质量和客户服务关，凭借数年行业内的积淀，在本地形成了自身强大的品牌优势。成立至今，已连续多次获所在市建筑装饰行业建筑工程装饰奖项荣誉，具有较好的用户口碑和市场声誉。同时，因公司在标准化设计、装配化施工、一体化装修、信息化管理及智能化应用等方面取得的显著成果与建设成效，成为所在市最早获得住房和城乡建设局认定的建筑装饰装修标杆企业之一。

2. 营销优势

公司营销网已经遍布所在市区，并已逐步渗透城市周边。针对营销的特点和市场环境，公司制定了特有的营销管理和考核机制，建立并试运行 ERP（Enterprise Resource planning）管理系统，实现了预报、实施、后期跟踪等管理，提高了营销关键点的管理覆盖面和深度。

3. 人才优势

公司拥有专业的设计团队和施工管理团队。公司培训体系健全，覆盖面宽广，聚焦重点培训项目，推动关键岗位人员储备。对各条线骨干开展重点培养，根据不同职类、职级差异，设置了不同岗位的行为标准及培训课程，进一步提高了团队专业化、职业化。此外，公司坚持推行产、学、研工作的深入开展，促进公司和社会资源整合，已在当地形成了一支具有实力的人才团队。

4. 经验优势

公司历来高度重视技术学习和经验积累,并将积累的经验在借鉴同行业先进的施工和管理经验基础上进行作业的标准化;公司加强信息技术应用,采购适配装饰行业 ERP 系统,有效地提高项目管理效率和质量,增强了服务水平,运用云设计软件实现产品,可快速生成效果图,快速导出报价清单,在当地众多装修装饰企业中具备竞争优势。

(三)公司业务的工作流程

1. 订单生成前的工作流程

(1)看实景资源效果展示:样板房参观浏览、施工工艺科普讲解、主材料对比遴选。

(2)看 VR 即时云渲染技术:一键户型图创建、一键效果图渲染、一键施工图绘制、一键装修清单生成。

2. 订单生成后的工作流程

(1)上门量房:准确测量,现场勘房屋结构与质量,保证后期装修质量与效果。

(2)专业户型设计一对一:准确了解房屋设计需求,合理规划空间布局,专业设计师一对一,量身定制设计方案。

(3)精准报价,获得装修清单:按实测面积精准报价,提供更详细透明的装修清单,拒绝恶意漏项。

3. 服务流程

上门量房—快速生成户型—可视化设计出图—确认方案—生成报价单—生成施工图—材料下单—施工服务—交付验收。

五、公司的产品简介

(一)五大系列

公司在住宅装修方面主要业务为全屋整装系列产品,主要包括五大系列,分别为:硬装、软装、智能家居、舒适家居、健康家居。

1. 硬装

硬装主要包括基准装修、厨房基本装修和卫浴基本装修,可以免费设计电视背景方案、儿童房装修方案、老人房装修方案。

2. 软装

软装主要包括家具设计、床垫设计、窗帘设计、灯具设计、墙纸设计、定制衣柜设计。

3. 智能家居

智能家居主要包括智能技术入户设计、智能安装入户设计、智慧客餐厅设计、舒适卧室设计、全宅智能化设计、智能施工预留端口设计。

4.舒适家居

舍适家居主要包括空调系统设计、新风系统设计、地暖系统设计。

5.健康家居

健康家居主要包括环境深度净化服务、健康智能化系统设计、优化睡眠环境设计、动态灯光设计。

(二)基本装修明细简介

1.基础施工

墙顶面基层处理、地面找平、门洞修补、水电全改、管道包砌、成品安装、全屋地面保护、全屋竣工保洁。

2.卧室

地板及其铺贴、墙顶面乳胶漆及其涂刷、室内门及门套、门控五金、开关面板、顶角线、窗台板及其安装、USB 插座。

3.卫生间

墙砖、地砖、卫生间玻璃门、门控五金、开关/水电路、过门石及其安装防水、集成吊顶、坐便器/蹲便器、花洒、龙头、浴室柜、卫浴五金、转角篮、淋浴房、防臭地漏、集成照明、多功能取暖器。

4.厨房

墙砖、地砖、厨房移门、门控五金、开关/水电路、过门石及其安装、集成吊顶、橱柜、烟机、水槽/龙头、灶具、碗碟拉篮、平碗拉篮、集成照明、石英石台面。

5.阳台

地砖、墙顶面乳胶漆、吸顶灯、洗衣机龙头、洗衣机地漏、开关/水电路。

(三)全屋定制户型对应表

全屋定制户型对应表,见表 2-1-3 和表 2-1-4。

表 2-1-3　全屋定制户型

产品一级类	产品二级类	建筑面积(平方米)	备注
别墅	尊享独栋别墅	350~500	6 居室以上
	品质独栋别墅	200~350	4~6 居室
	舒适独栋别墅	130~200	3~5 居室,含联排
普通住宅	尊享天伦家居	110~150	3~4 居室
	品质成功家居	70~110	2~3 居室
	舒适温馨家居	70	1~2 居室及 70 平米以下

表 2－1－4　家装产品装修套餐搭配表

标准套餐	套餐搭配选择项目			
基础套餐	温馨套餐	舒适套餐	品质套餐	尊享套餐
厨房套餐	温馨厨房套餐	舒适厨房套餐	品质厨房套餐	尊享厨房套餐
卫浴套餐	温馨卫浴套餐	舒适卫浴套餐	品质卫浴套餐	尊享卫浴套餐

六、公司各项管理制度

(1)财务部岗位职责。

(2)全面预算管理制度。

(3)现金管理制度。

(4)备用金管理制度。

(5)银行账户管理制度。

(6)公务性费用报销管理制度。

(7)会计核算办法。

(8)固定资产管理制度。

(9)物资采购制度。

(10)员工手册。

七、公司经营情况

(一)近三年经营业绩

2016—2018 年××装饰公司的财务状况分析,见表 2－1－5。

表 2－1－5　2016—2018 年×××装饰公司的财务状况分析

单位:万元

年度	2016 年	2017 年	2018 年
流动资产	3 387.74	5 897.96	5 110.83
存货	1 078.50	3 262.11	2 973.02
资产总额	4 012.04	6 566.13	5 776.11
流动负债	2 609.76	4 807.70	3 723.52
负债总额	2 609.76	4 807.70	3 723.52
营业总收入	4 139.75	4 470.93	5 007.45
营业总成本	3 552.96	3 891.87	4 222.93
营业利润	586.80	579.07	784.52

（二）经营评述

1.信息的案例系统

公司目前已经掌控了包括家装UGC、设计IP、评价体系等家装大数据。对于家装用户来说，可以依靠这些内容帮助决策；对于企业而言，可以随时了解用户满意度、收集需求信息。

2.创新的产品体系

公司创立以来，相继推出了基础装修套餐、舒适装修套餐、品质装修套餐与尊享装修套餐等创新产品，扩展了自身的服务领域，增强了竞争力。这些产品一方面解决了用户装修自由组合难的问题；另一方面通过"套餐"，诠释完美家装方案，为消费者提供一流服务。

八、战略计划

（一）战略地图

战略地图如图2-1-4所示。

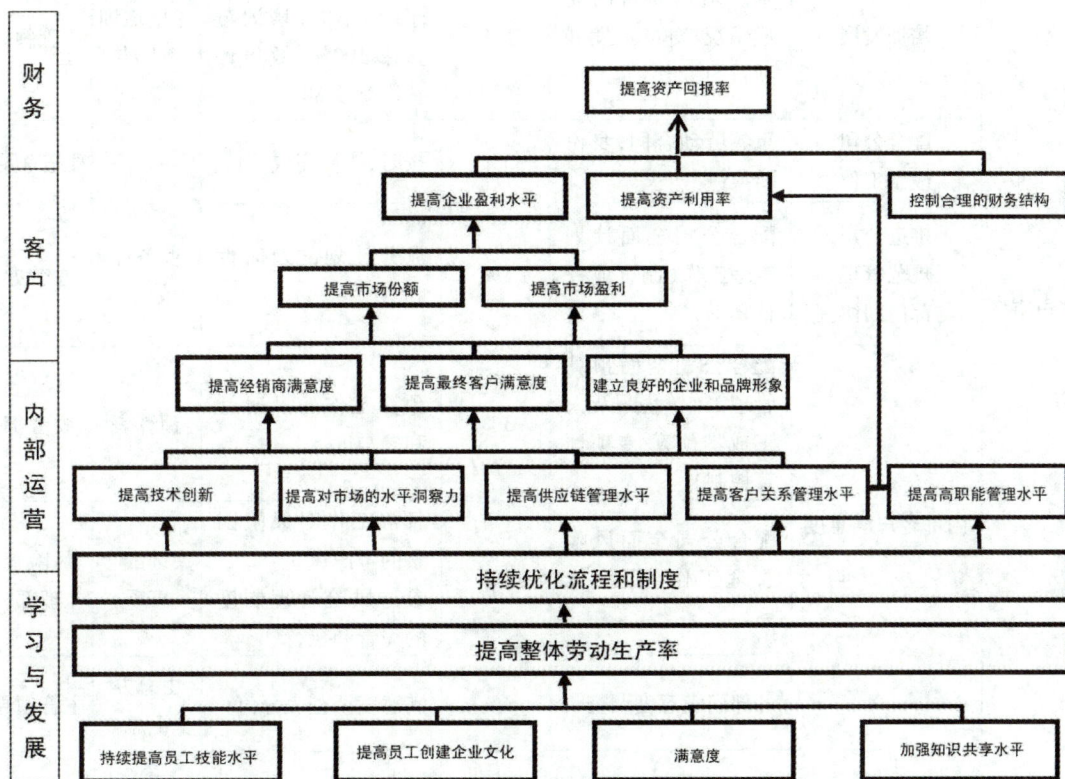

图2-1-4 战略地图

（二）关键业绩指标

关键业绩指标见表2-1-6。

表2-1-6　关键业绩指标

评估维度	评估指标	指标说明	权重系数	目标值/衡量指标	数据来源	评估人
财务表现	专项费用执行率	薪酬/招聘/培训/人事专项费用执行率	5%	完成90%～100%，100分；完成70%～90%，80分；完成50%～70%，或100%～110%，50分；完成50%以下，或110%以上，0分	财务部	财务部
	部门直接费用执行率	直接费用执行率	5%		财务部	财务部
客户市场	人员招聘配置	招聘人员的数量/质量/及时性	5%	80%的到位率，80%的适岗率	年度用人计划	主管领导
	培训发展	重点培训项目的完成情况/对员工发展项目的考虑	5%	人均受训学时不低于20小时，培训覆盖率100%，效果评估满意度80%	年度培训计划	主管领导
	配合公司改制工作	重签劳动合同，身份转换	5%	按时、按质完成		主管领导
	推进公司规范管理与部门间协调	配合公司全面计划管理工作（制度业务计划书）	3%	业务计划的及时性和参与度	业务计划书	总裁办
	内部客户满意度	配合公司全面预算管理工作（薪酬及人工成本预算/专项预算控制）	3%	预算工作的及时性和参与度	预算表	财务部
		配合公司全面风险管理工作（授权体系）	3%	日常工作对风险因素的考虑；参与风险管理制度的完善和执行	关键配合事项	风险管理部
		各部门满意度调查	3%	满意度调查表分值	由总办汇总	主管领导

评估维度	评估指标	指标说明	权重系数	目标值/衡量指标	数据来源	评估人
内部运营	完善人力资源管理制度体系、规范业务流程	绩效管理办法	6%	发文/传导/执行	相关文件/关键事项	主管领导
		岗位职级管理办法	6%	发文/传导/执行		主管领导
		薪酬福利管理办法	5%	发文/传导/执行		主管领导
		日常人事管理办法	5%	发文/传导/执行		主管领导
		员工手册	5%	发文/传导/执行		主管领导
		培训管理办法	5%	发文/传导/执行		主管领导
			5%	发文/传导/执行		主管领导
	组织完成公司绩效管理工作	上一年各部门绩效回顾,下一年年度绩效目标	10%	重要时间节点关键事项落实	相关文件/关键事项	主管领导
	部门内部管理和日常工作	完善人员基础数据库建设,落实规范管理流程,规范档案管理和用工管理、做好部门计划管理、部门建设管理和日常管理工作	6%	人力资源管理基础平台初步建立	HR 系统	主管领导
	风险控制指标	确保全年无重大决策失误,无重大违纪事件,无重大安全责任事故,无重大保密责任事件,无重大差错,无商业贿赂事件	减分指标	无风险事项,不扣分;有风险事项,按比例扣分,直至100%	重要事件	风险管理部
学习与成长	员工满意度	部门内员工满意度调查:核心业务骨干保留情况	5%	满意度85%以上,50分;D4以上关键员工主动离职无,50分	调查表/关键事项	人力资源部（此表总办代）
	员工发展	员工职业生活规划与职业辅导:部门内培训项目	5%	有职业规划和辅导,团队学习氛围;部门培训项目完成率100%	相关文件/关键事项	人力资源部（此表总办代）
合计			100%			

资料二 会计核算办法

一、核算要求

（1）销售费用是销售产品过程中发生的各种费用，包括销售人员职工薪酬、业务宣传费、销售服务费、租赁费、广告费、保管和销售环节的合理损耗费等。

（2）管理费用是为组织和管理经营活动所发生的各种费用，包括管理人员薪酬、业务招待费、办公费、会议费、图书资料费、车辆费、管理部门资产折旧费等。

（3）财务费用是指企业与金融机构发生的各项费用，包括利息支出、利息收入、金融机构手续费、所发生的借款费用等。

（4）为保障查询成本费用类、损益类科目发生额的准确性，以及定义会计报表公式的统一性，使用标准会计科目要求：收益类科目的发生全部在贷方归集，冲减金额在贷方以红字方式反映；成本费用、支出、损失类科目的发生额全部在借方归集，冲减金额在借方以红字方式反映。

二、科目设置及核算内容

（一）销货运杂费

销货运杂费是指将商品运达到指定存储地点后发生的运输费用、公路运杂费、装卸费、其他等科目进行明细核算。

（二）职工薪酬

职工薪酬是指企业为获得职工提供的服务而给予各种形式的报酬以及其他相关支出，包括企业为职工在职期间和离职后提供的全部货币性薪酬和非货币性福利。

职工薪酬分工资、福利费、社会保险费、住房费用、工会经费、职工教育经费、非货币性福利、辞退福利、劳务费（包括薪酬劳务、劳务工社会保险费、劳务工教育经费、支付劳务机构管理费、劳务工住房公积金等）、离退休人员费用、独生子女费、其他等科目进行明细核算。

计提应付职工薪酬时，应当根据公司相关规定制定管理办法，确定开支标准并计提到当期成本费用。

企业为职工支付的各种形式报酬，都必须从职工薪酬类科目中列支，严禁列入其他科目或变相以费用形式报销。

（1）工资：指支付给职工（指与本单位签订劳动用工关系的人员）的工资、奖金、各项补贴、津贴等，包括在岗职工工资、奖金、加班费、各种补贴津贴、现金发放正式员工的值班费等。

工资按照职工所属部门列支到相关成本中心。

（2）福利费：指企业为职工（包括在岗、内退和下岗职工）提供的除职工工资、奖金、津贴、纳入工资总额管理的补贴、职工教育经费、非货币性福利、社会保险费和补充养老保险费（年金）、补充医疗保险费及住房公积金以外的福利待遇支出。

注：应当由个人承担的有关支出，不得作为职工福利费开支。如不得为职工承担个人所得税、个人娱乐、健身、旅游、招待、购物、馈赠等支出。

福利费按照工资总额的 14% 控制使用并据实列支，根据实际发生数列支到相关成本中心。

（3）保险费：包括按规定比例为职工交纳的基本养老保险金、基本医疗保险、补充医疗保险、失业保险费、工伤保险费、生育保险费等社会保险费等。

（4）劳务费：根据劳务派遣协议结算并支付给社会劳务派遣单位的全部费用，包括劳务用工的劳动报酬、各项奖励和补贴、社会保险、住房公积金、福利费、培训费、发放的劳动保护费用、支付给劳务工协议解除补偿费用、支付给劳务派遣单位的管理费和税费等。劳务费必须取得劳务企业开具的发票，由劳务企业对外支付。该费用不包括单位外包业务所发生的费用（含人工费），也不包括单位支付给直接使用人员的劳动报酬（应计入"工资"），为劳务派遣用工指定供应商的劳保服装和用品等费用直接计入劳动保护费用，不在本科目核算。

（三）日常操作性费用

日常操作性费用指企业维持日常经营活动的费用，包括水费、电费、取暖费、印刷费等。

（1）水费：指企业经营部门和管理部门支付的水费和用水支出，包括饮用水、自来水。

（2）电费：指企业经营部门和管理部门支付的电费和用电支出。

（3）取暖费：指企业经营部门和管理部门发生的采暖保温费用。

（4）印刷费：指印刷制作的各种凭证、报表、账簿、发票、证件、名片和文件资料等发生的费用以及内部发行报纸、刊物的印刷费。不包括列入办公费的资料复印费、打印费和列入业务宣传费的宣传资料印刷费等。可设置账表印刷费、印刷纸张、发票印刷费、其他印刷费等内部订单进行辅助核算。

（四）对外协议支出

对外协议支出指与他方签订协议后支付的费用，包括代理费、广告费、租赁费等。

（1）广告费：指企业在报刊、杂志、广播、电视等公众媒体刊登、播放广告发生的所有成本费用，以及广告牌、企业形象标识、广告节目制作费用等全部广告性支出。

（2）租赁费：指企业经营和管理部门以经营租赁方式租入设施、房屋、车船等发生的支出。融资租入固定资产所支付的款项、一次支付超过 1 年以上的租赁费、出租财产收取的租赁费不在本科目核算。

（五）公务性支出

公务性支出指为企业日常经营管理需要所支出的公务性费用，包括业务招待费、办公费、差旅费、会议费、图书资料费、车辆费等。

（1）业务招待费：核算企业为经营和管理的需要而支付的招待单位外部人员的业务招待性质支出。

（2）办公费：核算企业经营和管理部门发生的办公性费用支出，如办公文具费、纸张费、邮费、晒图费、刻章、办公设备耗材费、证照办理年检变更费用等。

（3）差旅费：核算企业员工因公外出发生的交通费、住宿费、出差补助费、机场服务费、企业为出差人员统一办理的机场保险费等各项费用支出。

（4）会议费：指企业举办各种会议的支出及参加相关会议的会务费用开支。会议费报销要有经领导签批的会议请示或会议通知、费用报销单、合规发票等作为会计凭证附件。

（5）图书资料费：指企业购置用于经营管理方面的图书、报刊、资料的费用支出。

（6）车辆费：指企业使用公务性车辆发生的修理费、养路费、过路（桥）费及燃油费等。本科目分过路（桥、闸）费、燃油费、养路费、洗车费、年检费、其他等子目明细核算。车辆保险费应计入财产保险费，车辆租费用应计入租赁费，不在此科目核算。

（六）折旧与摊销

折旧与摊销指企业各类固定资产、无形资产、长期待摊费用等产生的折旧及摊销费用。

（七）财务费用

财务费用指企业与金融机构发生的财务费用，包括利息支出、利息收入和相关手续费等。

（1）利息支出：指企业向银行及其他金融机构支付的借款利息等。

（2）利息收入：指企业取得的各种利息收入，包括银行存款利息、应收票据到期贴息收入等。

（3）手续费用：指企业为筹集资金而发生的其他费用支出，包括金融机构手续费、POS机刷卡结算手续费等。

资料三　备用金管理制度

一、备用金管理基本要求

备用金是为了满足公司内部各职能部门和职工经营活动的需要，而暂时借给有关部门、经营网点和个人使用的现金，是内部各职能处室、经营网点的周转使用款项。

二、备用金借款及还款流程

借款人在"费用报销系统"内新建借款（还款）申请，由财务人员按照相关制度规定进行审批，按权限经由相关领导审批后，予以报借款（还款）。借款人还款时，出纳人员查询财务系统挂账情况，根据报销的费用和实际收到的现金核对无误后，开具一式三联还款"收款收据"。在"收款收据"上由还款人、出纳员签字，稽核人、会计主管确认，并加盖财务专用章。其中，"收款收据"存根由出纳人员留存，作为查询依据；付款单位付款凭证还款人保存，作为还款依据;收款单位记账凭据由出纳人员传递给会计人员。超过规定期限不报账的,停止再次借支备用金,坚持先清后借。

三、备用金重点管控内容

(一)备用金按照非定额备用金和定额备用金分类管理

非定额备用金主要是指为了经营临时性需要而暂时借给有关部门和个人现金,使用后实报实销;定额备用金是指经营网点按日常开支情况,核定备用金限额,并由职能处室负责人负责管理。

(二)建立备用金审批制度及备用金限额管理制度

个人备用金不得作他用,超过1 000元(含1 000元)的采购支出,必须通过银行转账,不得用现金支付。按照内控制度权限规定,各分(子)公司个人备用金借款在5 000元以内的,由部门经理审批;超过1万(含1万元)必须经总经理审批。

(三)备用金的使用范围

为了防止大额付现,防范资金风险,限定备用金的使用范围。职工因公出差时间在3天以内的,一般不得借支备用金;出差时间较长的,在履行内部审批程序后可适当借支备用金。个人备用金仅用于零星采购、零星开支、差旅费等支出,不得做他用。同城经济业务付款,要求使用转帐支票、电汇、托收承付、网上划款等方式,不足转账额度的,采用备用金借款方式付款。异地经济业务付款,要求使用电汇、银行汇票、网上划款等方式,事先无法明确付款单位的,采用备用金借款方式付款。如果对方单位确实无法通过转帐支票、电汇、托收承付、网上划款等方式收款,经过审批,可以通过备用金方式结算。

(四)备用金的周转时间

备用金周转时间最长不得超过1个月,其中差旅费借款必须在出差返回后5个工作日内报销、项目部周转借款必须在1个月内报销,前账未清,各单位财务部门不得继续预支;个人备用金年末原则上不得留有余额。

严禁向外部单位出借资金,严禁利用赊销、延期收回贷款等形式变相出借资金,严禁"公款私借"。杜绝个人擅自出借资金的现象。对于以前已经出借形成欠款的,该项借款的批准人与经办人一并作为欠款责任人,负责追回欠款并追究其责任。

四、监督、检查与考核

(一)建立备用金台帐,动态掌握备用金的使用情况

财务部门对备用金使用情况,负责监督管理。月末结账前,对未清收的备用金余额签字确认。发现借款人挪用公款、利用备用金舞弊等违纪现象,要严肃处理,给予必要的行政处分和经济处罚。

(二)备用金清收

每月末由借款人签字确认备用金借款金额,备用金借款人因工作调动等原因,须及时清

理备用金欠款,经财务部门确认备用金清理完毕后,方可履行调动等手续。如果因工作疏忽造成备用金短款,应由责任人如数补足。

资料四 财务管理部工作管理制度

一、财务管理部工作职责

(1)负责建立公司会计核算的制度和体系。

(2)按期做好年、月度财务报表,做到账表相符、账证相符、账账相符。

(3)做好成本核算,负责组织公司财务成本和利润计划的制订和实施。

(4)负责对部门资金使用计划审核和对使用情况实施监督,管好用好资金。

(5)对往来结算户随时清理、督助相关部门及时催收款。

(6)严格执行财务管理规定、审批报销各种发票单据。

(7)对公司经济活动进行财务分析,向总经理提供综合性财务分析报告和根据工作需要向部门提供专项财务分析报告。

二、财务管理部编制

财务管理部定编6人:财务总监1人,运营管理岗1人,资金管理岗1人,成本管理岗1人,绩效管理岗1人,出纳岗1人。

三、财务管理部各岗位职务说明书

(一)财务总监职务说明书

(1)职务名称:财务总监。

(2)直接上级:总经理。

(3)直接下级:营运管理岗、资金管理岗、成本管理岗、绩效管理岗、出纳岗。

(4)管理权限:在总经理授权范围内行使对公司财务的处理权。

(5)管理职责:全面负责财务部的工作。

(6)具体工作职责:

①贯彻执行国家的财经政策和本公司主要负责人对财务工作的要求,以及制定本公司的财务规章制度;

②对各项资金的收付进行严格的审核把关;

③负责安排本部门人员的工作,进行检查、总结、督促和配合财务人员及时处理账务,按期编报会计报表和有关会计资料;

④负责对本公司生产经营情况和财务收支情况的计划提供参考资料,协助有关部门编制计划,参与审核并监督执行;

⑤负责进行本部门的业务技术学习和交流,注重和同事的团结,共同完成各项工作任务;

⑥负责配合采购部门理顺原、辅材料的进出仓管理操作,在此基础上负责搞好成本核算工作;

⑦尽可能收集、整理会计资料并进行定期或不定期的分析和比较,针对影响预期计划指标的重大问题,会同有关人员深入调查,提出改进经营管理的措施和建议;

⑧按年、季编写财务情况说明书,重大问题及时向总经理汇报;

⑨对账务全面把关,不允许因疏忽而造成公司财务上的损失。

(二)营运管理岗职务说明书

(1)职务名称:营运管理岗。

(2)直接上级:财务总监。

(3)管理权限:受财务总监委托,行使公司预算管理和有关财务监督权力。

(4)具体工作职责:

①按规定组织开展预算管理工作,编制预算管理制度。

②按照规定组织年度、季度、月度全面预算编制。

③根据预算管理制度,制订具体的预算的编制方法、程序,对预算草案进行初步审查、协调和平衡、汇总后编制公司的预算草案,并报财务部总监和预算委员会审查。

④根据预算管理制度,制订预算调整方案,预算管理委员会审批;汇总和分析预算责任单位的预算执行情况,编制预算执行分析报告,报预算管理委员会审批。

⑤根据预算授权审批制度对预算执行过程中预算内、超预算和预算外的事项进行审批控制。

⑥组织召开预算执行分析会议、协调部门制订下一步工作计划;根据预算授权审批制度对预算调整事项的决策和审核;预算考核意见的审核。

⑦总监交与的其他相关事项。

(三)资金管理岗职务说明书

(1)职务名称:资金管理岗。

(2)直接上级:财务总监。

(3)管理权限:受财务总监委托,行使公司资金管理和有关财务监督权力。

(4)具体工作职责:

①按规定组织开展资金管理工作,编制资金管理制度;

②按照规定编制投资计划、融资计划、现金预算;

③根据公司投资计划,对投资项目实施投融资项目的分析评价,出具投融资可行性报告;

④熟悉公司战略,根据战略采用相匹配的投资融资策略;

⑤计算外部融资需求,选择恰当的融资方式;

⑥编制财务预算,包括不限于利润表、资产负债表、现金预算的编制;

⑦财务总监交与的其他工作。

(四)成本管理岗职务说明书

(1)职务名称:成本管理岗。

(2)直接上级:财务总监。

(3)管理权限:受财务总监委托,行使公司成本管理和有关财务监督权力。

(4)具体工作职责:

①按规定组织开展公司成本管理工作,编制成本管理制度;

②按照规定编制成本预测,包括但不限于作业成本法、计划成本法等;

③计算产品(作业)的生产或作业成本,并将实际成本与预测数据进行对比;

④对公司成本状况进行分析,并编制成本分析报告,定期向总监进行汇报;

⑤财务部总监交与的其他工作。

(五)绩效管理岗职务说明书

(1)职务名称:绩效管理岗。

(2)直接上级:财务总监。

(3)管理权限:受财务部总监委托,行使公司绩效管理的有关权力。

(4)具体工作职责。

①设计制订公司绩效评价体系,选择恰当的绩效评价工具,包括不限于平计分卡等工具;

②科学合理地设计绩效评价指标体系,并将绩效指标进行分解实施;

③设计考评方案,科学合理地对绩效考核进行评分,得出考核结果;

④制定绩效奖惩制度,出具绩效奖惩结果;

⑤监督负责绩效奖惩结果进行实施执行;

⑥对绩效考核的结果进行分析评价;

⑦财务总监交与的其他工作。

(六)出纳岗职务说明书

(1)职务名称:出纳岗。

(2)直接上级:财务总监。

(3)管理权力:对不符合审批手续的支出有拒付的权力。

(4)具体工作职责:

①按规定要求建立现金日记账和银行存款日记账,并按规定要求登记;

②审核所有支出凭证,对符合审批手续的支出凭证按规定付款;

③负责收款事项;

④负责编制收付存移交表,按时向主办会计移交现金和收支凭单;

⑤负责公司资金安全,按月和主办会计盘点现金,按日核对银行存款发生额和余额;

⑥积极完成领导交办的其他工作。

资料五　公务性费用报销管理制度

一、总则

（1）为了规范公司费用审核、报销管理，根据有关制度的规定，结合公司的具体情况，特制定本办法。

（2）适用范围：公司全体。

（3）本办法所指的公务性费用包含会议费、业务招待费、差旅费、办公费、通讯费。

二、管理原则

（一）预算管理原则

会议费、业务招待费、差旅费、办公费及低值易耗品、通讯费应纳入公司年度预算范围内管理，实行季度预算控制。在预算范围内按照内控制度规定的相关审批手续支出，杜绝预算外支出。对于超出月度预算的费用支出，需要办理预算追加手续后，才可报销。

（二）归口管理原则

各部门为会议费、业务招待费、差旅费、办公费、通讯费管理和控制部门。

（三）严格审批原则

审批人要强化降本节费意识，严格审查支出费用，在季度预算内且符合本办法规定原则和标准的方可批准签字。

三、费用报销的具体规定

（一）会议费

会议费是指举办会议发生的会议代表住宿费、伙食费，接送站及统一组织考察的交通费、会议室租金、会议文件印刷费等与会议相关的费用，以及参加系统外部会议按要求缴纳的费用。

（二）业务招待费

业务招待费是指因工作需要发生的用餐、招待等费用，包括外部就餐费、内部食堂就餐、购买食品费用等。

（1）业务招待费申请实行"一事一批"制度，招待费的报销必须先履行业务招待申请，获得批准后方可履行报销程序。

（2）业务招待费用的报销金额须严格控制在申请审批限额内，超过限额的需按权限规定补充申请手续。原则上一张发票需对应一次申请（相同就餐地点提供的定额发票除外）。财务部门按照业务招待费申请单上注明的接待部门进行明细核算。有公司领导参加的活动支出,根据协调办理的业务内容落实到相关部门名下,无法指定到部门的,则由办公室主任签字确认后核算到"总经理办公室"名下。

(3)业务招待标准。

①内部招待标准:尽可能安排在单位指定地点就餐,在外部就餐按照不高于加班餐费标准实行。

②商务和外事活动宴请招待标准:企业主要负责人宴请按照不超500元/人次控制,其他分管负责人不超300元/人次控制。

③每次业务招待活动实行招待费用总额和人均费用双控管理。

(4)加班餐费由需要加班部门在费用报销系统中线上填写"业务招待申请",获得批准后按照午餐25元/人·餐、晚餐25元/人·餐的标准,凭发票履行业务招待报销流程。

(三)差旅费

差旅费是指因公外出所发生的相关费用,包括交通费、住宿费、出差补贴费、市内交通费以及其他杂费。差旅费报销实行按出差人员不同职务级别及出差地区,制订相应的差旅费控制标准。其中,交通费实行"控制标准、超支自理"的管理办法;住宿费实行"限额控制、凭票报销、超支自理"的管理办法。

1. 出差交通费的控制标准

出差交通费的控制标准,见表2-1-7。

表2-1-7 出差交通费的控制标准

职级	乘坐标准				
	飞机	火车	高铁	动车组	轮船
公司领导	公务舱	软卧(席)	一等座	一等座	二等舱
部门领导	经济舱	硬卧/座	二等座	二等座	三等舱
普通员工	经济舱	硬座/卧	二等座	二等座	三等舱

2. 出差住宿费的控制标准

出差住宿费的控制标准,见表2-1-8。

表2-1-8 出差住宿费的控制标准

职级	住宿标准(人/天)			
	一类城市	二类城市	三类城市	四类城市
公司领导	600	600	600	600
部门领导	480	350	300	300
普通员工	400	300	260	260

(1)机关员工出差应当优先安排在快捷酒店住宿,并在规定标准内据实结算住宿费,出差返回后凭出差期间的有效住宿费发票随同差旅费一起报销。

(2)表2-1-8中住宿标准为每人每天的标准,部门负责人及以下出差标准为两人一间,如果特殊情况需要单间入住的,标准一致,不再双倍执行。无论是出差人员自定或对方安排,均严禁将超标准报销住宿费用交由企业承担,超过标准部分由个人自付,财务不予报销。

(3)参加公司统一安排住宿的会议、培训等的,按照通知中标准予以报销,超天数、超标准的不予报销。

3. 伙食补助的控制标准

(1)伙食补助控制标准如下:伙食补助报销范围为省内/外公务出差、培训学习、参加会议、工作汇报等。伙食补助标准分别为:40元/人/天。

(2)伙食补助包干使用,不再报销差旅补助和误餐补助。

(3)参加会议、培训统一安排住宿的,仅报销往返路途的补贴,住宿期间不受伙食补贴。

(4)出差人员出差期间经领导批准就近回家探亲、办事的,其绕道交通多开支部分费用由本人自理,不给出差人员绕道和在家期间的伙食补贴。

4. 其他杂费的控制标准

出差人员取得的正规订票手续费、正常原因发生的退票费可随同差旅费一起报销。

5. 市内交通费

(1)公司派车要严格执行公司车辆管理办法中的规定。如果紧急情况乘坐出租车,需填写"公司分公司市内出租车乘坐申请单",经审批后履行差旅费报销流程。

(2)因公司特殊工作安排,错过公交车或地铁乘车时间需要乘坐出租车回家的,需要填写"公司分公司市内出租车乘坐申请单",经审批后履行差旅费报销流程。

6. 差旅费报销流程

(1)出差人员要在完成出差任务后15日内办理报销手续,超期报销财务不予受理。

(2)单人单次出差履行一次报销流程,单个部门多名员工为同一事项去同一地点出差的可合并履行一次报销流程,禁止一人多次的差旅费履行一次报销流程,报销单据中需注明事由,参加会议、培训的需附会议、培训通知单。

(3)职工因公出差时间在3天以内的,一般不得借支备用金;出差时间较长的,在履行内部审批程序后,可适当借支备用金;个人备用金一般不得超过2万元,差旅费借款必须在出差返回后5个工作日内报销。但月末25日至次月3日除外。

(四)办公费

办公费是各部门因工作需要发生的办公用品、邮寄费、彩扩展板费和其他杂费等支出。

(1)日常办公用品由人力行政部按照询比价方式负责统一采购,各部门根据实际工作需要定期提报领用申请,各部门依据申请单办理办公用品领用登记手续,并按照各部门签字确认的领用清单,整理分部门的办公费用明细表后提交财务资产处。

(2)办公用品应在保证质量和性能的前提下,售价执低原则择优购买,原则上要求取得增值税专用发票。

(3)人力行政部提报的报销单据应包括:购买办公用品发票、询比价文件、领导审批单、分部门办公费用明细表等,经办总经理审批,财务部门负责人会签后办理付款。

（五）通讯费

公务性费用中的通讯费主要包括管理人员及部门发生的固定电话费、移动电话费等。相关人员通讯费报销标准见表2-1-9。

表2-1-9　通讯费报销标准

职级	报销标准（元/月）
公司领导	400
部门领导	300
普通员工	200

（1）通讯费中包括移动通信费和宅通信费，二者合并使用，总额控制。不再报销其他通讯费用，也不以任何方式发放通讯补贴。

（2）通讯费限额内凭话费发票实名报销，超限额部分自理。报销时须由人力行政部登记后方可报销。

（3）办公电话费由归口部门或委托人员与电信部门统一结算，并应有明细清单，并分割到相应部门。

（六）其他规定

（1）审批权限：按照公司内控权限指引执行。

（2）报销审批时间规定。

财务线下审单、审核时间：周一和周四上午8:30-11:30，下午13:00-16:00。

费用系统审批时间：每月末25日至次月3日系统将停止审批，报销人只能保存单据。年末时间另行通知。

（3）报销人办理报销事项时，需登录费用报销系统按照规范流程审批通过后方可进行报销及付款。

（4）按照有关规定，报销原始凭证出现如下缺陷，财务资产处有权拒绝报销：

①应填制日期而未填制或填制不完整；

②提供假发票或发票不合规的；

③发票中的付款单位未填制或填制不完整；

④需加盖印章、印鉴而未加盖或所加盖的印章、印鉴模糊不清；

⑤数字计算不准确、大小写金额不相符或大小写金额存在缺项；

⑥购买实物的原始凭证未履行验收手续；

⑦原始凭证外观不完整、不清楚，存在撕毁、涂改痕迹；

⑧手写发票项目及内容不全的、发票字迹不可识别；

⑨取得的发票类原始凭证所标注的经济事项与发票类型明显不符；

⑩原始凭证中存在的其他方面问题。

⑪其他相关事项：本细则与以往规定不一致之处，以本规定为准。

资料六　固定资产管理制度

第一条　固定资产是指同时具有以下特征的有形资产:为生产商品、提供劳务、出租或经营管理而持有的;使用寿命超过一个会计年度。公司的固定资产在同时满足下列条件时,予以确认:

(1)与该固定资产有关的经济利益很可能流入企业;

(2)该固定资产的成本能够可靠的计量;

(3)该固定资产单位价值在 2 000 元以上。

第二条　固定资产按成本进行初始计量。初始计量标准按下列不同方法处理:购入固定资产的成本,包括实际支付的买价,相关税费,使固定资产达到预定可使用状态前所发生的可归属于该项资产的运输费、装卸费、安装费和专业人员服务费等。盘盈固定资产的成本,按重置完全成本作为入账价值;已投入使用尚未办理移交手续的固定资产,应先暂估入账,同时开始计提折旧,待办完移交手续后,按增减后的固定资产计提折旧,不再调整前期已提折旧。

第三条　与固定资产有关的后续支出,符合固定资产确认条件的,计入固定资产成本;不符合固定资产确认条件的,在发生时计入当期损益。

第四条　增加固定资产的支出,应纳入投资计划或年度预算方案,经股东大会批准后执行。

第五条　固定资产使用单位,财产管理部门和财务部门都应设立固定资产明细账卡,并做到账账、账实、账卡一致。

第六条　固定资产每年年终由财务部组织使用单位,财务部门共同进行清查盘点,并编制盘点表。发生盘盈、盘亏、毁损等情况,应查清原因,经相关审批程序批准后进行处理。

第七条　公司应根据固定资产的性质和使用情况,合理确定固定资产的预计使用年限和预计净残值,并根据与固定资产有关的经济利益的预期实现方式,合理选择固定资产折旧方法。固定资产折旧方法一经确定不得随意变更。

公司折旧方法采用平均年限法,固定资产类别及折旧使用年限规定见表 2 – 1 – 10。

表 2 – 1 – 10　采用平均年限法,固定资产类别及折旧使用年限规定

固定资产类别	使用年限	年折旧率	残值率
房屋建筑物	20	5%	3%
机器设备	10	10%	3%
运输设备	6	16.67%	3%
办公设备	5	20%	3%

第八条　固定资产已提足折旧的,不管能否继续使用,均不再提取折旧;提前报废的固

定资产,也不补提折旧;当月增加的固定资产不计提折旧,下月起计提折旧,当月减少的固定资产,当月照提折旧,下月起不计提折旧。

第九条 固定资产计价的原则和方法。

(一)购入的固定资产,以其购入价加由公司负担的运输费、装卸费、安装调试费、运输途中保险费、相关税费及其他附加费用计价,国外购入的还应包括进口税金。

(二)自建的固定资产,按实际支出计价。

(三)在原有固定资产基础上进行改良性改建、扩建的,按固定资产原值,加上改建、扩建发生的实际支出计价,固定资产修理费用,则直接计入当期费用。

(四)投资者投入的固定资产,按评估确认或按合同、协议约定的价格计价。

(五)接受捐赠、从境外调人或引进的固定资产,以所附单据确定的金额加上由公司负担的运输费、保险费、安装调试费、缴纳的税金等计价;没有附单据的,按照同类固定资产现行市场价格计算。

(六)盘盈的固定资产,按照同类固定资产的重置完全价值计价。

公司购建固定资产交纳的固定资产投资方向调节税、契税、耕地占用税、车辆购置税也计入固定资产的价值。公司可依法对固定资产进行有偿转让、出租、变卖、抵押借款、对外投资,企业兼并、投资、变卖、租赁、清算时,应依法对固定资产进行评估。

第十条 固定资产折旧定义。

固定资产折旧是指在固定资产使用寿命内,按照确定的方法对应计折旧额进行系统分摊。

第十一条 折旧年限。

见表 2 - 1 - 10

第十二条 公司计算提取固定资产折旧,采用平均年限法计算。当月增加的固定资产当月不提折旧,当月减少的固定资产当月照提折旧。

第十三条 平均年限法的折旧额按下列公式计算:

(一)固定资产年折旧额 =(固定资产原值 - 净残值)÷预计使用年限;

(二)固定资产年折旧率 = 固定资产年折旧额 ÷固定资产原值;

(三)固定资产月折旧额 =(固定资产原值 × 固定资产年折旧率)÷12。

第十四条 各部门的年度预算应包括固定资产购置计划和预算。

第十五条 经批准购置的固定资产,由行政中心负责购置或由申请部门协助购置。固定资产的购置,应本着"货比三家,质优价廉"的原则,以最大限度地提高资金的使用效益。

第十六条 固定资产报废:各部门报废固定资产应向行政中心报送"固定资产报废申请表",经行政中心审核并签署意见后报总经理批准报废。

第十七条 原则上维修费用小于净值的固定资产不予报废。

第十八条 资产清查盘点。

行政部统一负责固定资产的实物管理,对所有固定资产统一进行分类,建立固定资产卡片,并进行详细登记,固定资产卡片分电子版和打印版分别保存,打印版需装订成册,一台固定资产需设置一张固定资产卡片,行政部与财务部每季度定期核对固定资产卡片信息,如有出入,及时更正。

　　财务部负责固定资产的价值管理,分类别对固定资产进行账务核算并计提固定资产折旧,与行政部同步建立和登记固定资产卡片,根据固定资产实物的增减(购置、报废、盘盈盘亏、毁损等)及时按有关规定进行账务处理。

　　固定资产的日常维护、保养由各使用部门负责,修理由行政部组织实施。各部门对重要固定资产的维护和管理应建立岗位责任制度,落实到人。

　　第十九条　行政部会同财务部每季度对固定资产进行定期的清查,固定资产清查主要是通过对固定资产实物实地盘点进行账物核对,以便真实地反映其实有数量、使用状态、质量状况和分布情况,确保资产安全。如果有盘盈盘亏,还应查明原因。

　　第二十条　固定资产清查的程序:固定资产全面清查时,由行政部和财务部组成清查小组,编制"固定资产盘点表",如出现盘盈盘亏情况,则经查核后确定出固定资产盘盈盘亏数量,根据"固定资产盘点表"填制"固定资产盘盈表"或"固定资产盘亏表",形成固定资产盘盈或盘亏报告,经总经理签字审批后,行政部据以进行资产实物的增减处理,财务部据以进行有关的账务处理,行政部、财务部同时进行固定资产卡片增减处理。

　　第二十一条　财产清查中发现盘盈的账外固定资产,应按重置完全价值作为原值,按新旧程度估计确定折旧额,并按重置完全价值减去累计折旧额后作为净值。发现盘亏的固定资产,应查明原因,对属于个人原因造成损失的,由责任人按照资产的净值全额赔偿,如果是属于由保险公司赔偿的,由行政中心与保险公司协调,追偿损失。

　　第二十二条　固定资产有偿转让收入或清理报废变价收入扣除清理费后的净收入与账面净值(固定资产原值减累计折旧)的差额以及固定资产盘盈、盘亏、毁损、报废的净收益或净损失,计入营业外收入或营业外支出,属于个人原因造成盘亏、毁损的,计入责任人其他应收款。毁损、报废损失较大的,可分期摊销,摊销期限不得超过 2 年。

资料七　全面预算管理制度

一、总则

　　为增强各经营单位的计划组织和预算管理水平,优化资源配置、完善考核机制、加强内部控制和防范经营风险,建立全面预算管理体系,实现公司经营目标和发展战略,制定本制度。

二、全面预算管理体制

　　实行公司统一规划、责任单位分级管理的预算管理体制,确定以下原则。

(一)统一规划原则

　　全面预算目标由公司统一规划,并与公司经营目标相一致,各级预算单位必须服从于公

实训一　基础资料

司的战略目标和经营目标。

（二）分级管理原则

全面预算目标按逐级分解的原则实行分级管理，经下达的全面预算指标由各级运营及管理单位负责落实，各单位对各自归口的业务编制预算，并对预算执行负责，公司统一对各单位全面预算执行情况分析考核。

三、全面预算组织体系

全面预算组织机构设置：预算决策机构、预算组织机构、预算执行机构、预算监控机构和预算考核机构。

（一）预算决策机构：预算管理委员会

预算管理委员会，总经理任组长，财务总监任副组长，由副总经理、主要职能部门负责人等人员组成。

预算管理委员会职责：审议公司预算管理制度；根据年度经营目标，审批确定目标分解方案；负责组织召开预算平衡审议会，提出修改与调整意见；根据预算授权审批制度对预算执行过程中预算内、超预算和预算外事项进行审批控制；组织召开预算执行分析会议，协调部门制订下一步工作计划；根据预算授权审批制度，对预算调整事项进行决策和审核；预算考核意见的审核；其他相关事项。

（二）预算组织机构：预算管理部

财务部执行预算管理部的职责，预算管理部主要职责包括：制定预算的编制方针、程序，具体指导部门预算的编制；根据预算编制方针，对部门编制预算草案进行初步审查、协调和平衡，汇总后编制公司的预算案，并报预算管理委员会审查；根据预算管理制度，制订预算调整方案，报预算管理委员会审批；汇总和分析预算责任单位的预算执行情况，编制预算执行分析报告，报预算管理委员会审批。

（三）预算执行机构：预算责任中心

预算执行机构即各预算责任中心，是根据各运营单位和管理部门在预算总目标实现过程中的作用和职责划分的，承担一定责任并享有相应权力和利益的企业内部单位，是预算的责任主体。各运营单位应设立专（兼）职人员进行预算的编制、跟踪及分析评价。

预算执行机构的主要职责包括：根据下达的年度经营目标编制业务计划和年度预算报相关部门审核；执行和控制预算委员会下达的预算；定期分析、报告预算执行情况；根据预算制度，向预算管理委员会提出预算调整申请；协调本单位或部门内部资源及单位或部门之间的预算关系。

（四）预算监控机构：财务、营销、总经办部门人员组成

公司预算监控机构为预算监控小组，由财务和审计部门负责人等组成。其主要职责包括：对预算执行情况进行监控和预警；定期或不定期进行预算执行情况分析，编制分析报告，提交预算管理委员会审核；对预算制度的执行情况进行检查和监督。

（五）预算考核机构：人事、财务部门

公司预算考核机构为预算考核小组，由人事和财务部门负责人等组成。其主要职责包括：会同预算责任单位确定预算考核指标，报预算管理委员会审批；根据各预算责任单位的预算执行情况，由各具体负责预算指标考核、评价部门，出具预算指标达成结果和意见，组织实施考核工作。

四、全面预算期与全面预算编制期

（一）全面预算期

全面预算期，指预算编制覆盖的经营期间和预算的实际执行期。年度预算期间为公历年度的 1 月 1 日—12 月 31 日，按月份编制执行。

（二）全面预算编制期

全面预算编制期，指全面预算实际编制的时间。年度预算编制期为每年 10 月—12 月，这一期间为编制下一预算年度的全面预算编制期。

五、全面预算的编制

（一）全面预算编制的主要内容

按预算涉及的业务活动领域划分为业务预算与财务预算两类。

（二）年度全面预算的编制程序

1. 全面预算编制的准备

在编制下一预算年度全面预算之前，全面预算管理委员会组织各预算单位做好各项准备工作，包括信息收集、本预算年度经营计划及预算的执行情况资料的整理，分析下一预算年度的发展趋势，预测下一预算年度全面预算的总体情况，测算并调整制订预算的有关指标数据。

2. 全面预算编制的流程

编制汇总阶段采取"上下结合、分级编制、逐级汇总"，并反复修订平衡、调整的方法。其主要程序如下。

（1）目标下达：董事会根据战略规划确定预算年度经营目标，将全面预算目标具体分解到各预算单位，并确定财务预算编制的政策，由预算管理部下达部门。

（2）编制上报：各预算部门在下达的全面预算指标范围内，按下发各业务系统预算编制指引和编制计划要求，编报本部门的财务预算方案。

（3）审查平衡：财务部将部门上报的财务预算方案进行审查、汇总，提出综合平衡的建议；提交预算管理委员会审查，在审查、平衡过程中，预算管理层应当进行充分协调，对发现的问题提出初步调整的意见，并反馈给各有关部门予以修正，最终形成财务预算定稿上报审批。

（4）审议批准：经审查平衡的财务预算由预算管理委员会核准最后报董事会批准后执行。

(5)下达执行:经批准后的财务预算方案由预算管理部发布,各有关责任单位和责任人严格遵照执行。

六、全面预算的执行、控制与分析

(一)全面预算的执行

(1)各预算责任单位是全面预算的执行机构。

(2)各预算责任单位的第一负责人是预算执行的直接责任人,具体业务负责人对预算执行负主要责任。

(二)全面预算的控制

审批的要求:

(1)本着"先算后花,先算后干"的原则,一般情况下不得突破预算指标(包括预算项目、金额和数量)。

(2)如果客观环境、内部条件以及公司经营计划发生重大变化需要突破预算的,执行预算外审批程序。

(3)预算结余可以跨月份使用,但不能跨年度使用,预算可以在部门内进行调剂。

(三)全面预算的分析

(1)月末各责任中心应编制月度报表,列明预算执行情况。

(2)财务部进行汇总分析,编制预算分析报告,为各级领导提供决策信息。预算分析报告应包括以下内容。

①进度分析:累计计算并汇总各月完成预算情况,以收入预算完成进度为起点分析成本和费用进度,为调整计划和控制提供指导。

②业绩分析:根据部门预算完成情况,通过差异分析的方法,评价部门业绩,为考核提供依据。

③各级预算管理机构根据预算分析报告,组织相关责任部门落实各项不利差异的改进措施,以及有利差异今后进行巩固、推广的措施。

七、全面预算的调整

一、调整原则

(1)不随意调整原则:预算方案一经批准,在公司内部具有效力,一般情况下不得随意更改和调整。

(2)内部挖潜原则:当不利于预算执行的重大因素出现后,应先通过内部挖潜或采取其他措施弥补,只有在无法弥补的情况下,才能提出预算调整申请。

(3)积极调整原则:当外部环境和内部条件发生重大变化,应积极主动提出预算调整申请,以保证预算方案符合客观实际情况。

(二)符合预算调整的条件

(1)董事会调整公司发展战略,重新制订公司经营计划。

（2）客观环境发生重大变化（如市场需求、行业发展、竞争对手和国家政策等方面），需要调整有关预算指标。

（3）公司内部条件发生重大变化。

（4）发生不可抗力。

（5）董事会或预算管理委员会认为必须调整的其他事项。

（三）调整方式

1. 定期调整

每季度20日后，由总经理负责组织有关责任中心负责人参加的预算分析协调会，讨论预算调整事宜。

2. 不定期调整

公司外部环境、内部条件等方面发生重大变化，可以根据情况随时提出预算调整申请。

（四）调整的类别

1. 自上而下的预算调整

当外部环境与内部条件等客观因素导致公司全局性重大变化，经董事会协商一致后，提出预算调整申请。其审批程序：由董事会提出预算调整意向，财务部编制预算调整申请表，提交预算执行情况分析报告，说明调整内容和原因，上报预算管理委员会审议批准。对于重大预算调整（调整金额超过预算20%的属于重大调整），应提交董事会审批。董事会或预算管理委员会批准的预算调整申请，交由预算管理部下达（编写预算调整通知书）。

2. 自下而上的预算调整

当外部环境与内部条件等客观因素导致公司局部重大变化，且符合预算调整条件的，可以由各责任中心提出预算调整申请。其审批程序：由预算调整申请部门填写预算调整申请表，提交预算执行情况分析报告，说明调整内容和原因，交主管领导审批后，报预算管理部审核；预算管理部审核后，提出调整建议，上报预算管理委员会审议批准。对于重大预算调整（调整金额超过预算20%的属于重大调整），应提交董事会审批。董事会或预算管理委员会批准的预算调整申请，交由预算管理部下达（编写预算调整通知书）。

八、全面预算考核评价

（1）预算执行按月份进行评价，考核奖惩按具体考核制度周期执行。

（2）财务部监控全面预算执行情况，组织进行预算差异分析，找原因，落实责任归属，提出对相关责任单位全面预算执行的考核意见。

（3）各责任单位的预算数据指标完成评价结果由财务部门出具，报预算管理委员会审核，预算管理委员会依据预算执行结果及相关意见审批后转人力资源部执行考核。

（4）人力资源部接收审批后的预算执行结果及意见，依据公司"绩效考核管理制度"及相关制度规定，对相关责任单位、责任人进行奖惩。

资料八 物资采购制度

一、采购依据

(1)本公司各类物资和办公用品采购均需所需部门提出申请,填写"采购申请单",报采购部统一审批,统一采购。

(2)凡正常的原材料采购,申请部门经理签字后将采购申请单送采购部正常采购,非正常性采购还须总经理签批。采购部门按"采购申请单"接受采购任务,否则应拒绝接受任务。反之,以失职处罚。

(3)采购部凭"采购申请单"采购,不得随意变换物资的品种、规格数量,否则,后果自负;如因"采购申请单"有误而购错了物资,由签发"采购申请单"的部门经理或责任人负责。

二、采购原则

(1)严禁非专职采购员采购物资。

(2)洽谈首次采购交易业务,或有其他变动的,必须有两人以上共同进行。

(3)坚持货比三家,以质定价。大宗物品或长期需用物资需签订供货合同,保证合理最佳库存,利用有效的途径和办法,加大赊账比率,有利于资金周转。

(4)大宗物资采购,由采购部门经理报中心总监与财务部共同组织公开招标采购。

(5)计划外和临时少量急需品,需经中心总监总经理批准后,方可采购。

(6)实行采购回避制度。凡涉及与亲属进行业务交往的必须回避,由中心总监另派他人。

(7)采购中严禁收授各种物品及现金、礼品、吃饭和娱乐。违反本条罚款500元。或按公司制度处理。

(8)加强物资招标的监控管理工作。

违反"采购原则"罚款500元,或按公司制度处理。

三、采购要求

(1)物资采购必须从签约供应商处进货,且符合公司采购管理流程与要求。

(2)物资采购必须开具正规统一发票;采购中涉及的税费一律由卖方承担,采购进价一律为含税价。

违反"采购要求"罚款100元。

四、验收制度

(1)验收员在验收商品时,要注意检验、核对商品的数量、规格、生产厂家、商标、生产日期、保质期和质量等。

（2）有下列情况之一，保管员可以拒绝验收入库：

①无生产厂家、地址、商标者，或有但不详不全者；

②商品有效期已过期或已变质；

③商品品牌与生产厂家不符；

④商品非本公司所需；

⑤商品规格不符；

⑥其他不符合入库条件者；

违反"验收制度"罚款200元。

五、保管制度

（1）采购回的物资均由验收员、保管员验收数量、质量，验收后入库并及时打印入库单、登记入账。

（2）库内物资要合理分类，摆放整齐，明码标签，先进先出，防止霉变，防止鼠害。

（3）物品出库要有出库单，建立物资出入库账册，做到账实相符，手续齐全。

（4）每天进出物品要及时记账，定期编报收支结存表，月终盘点表，每月30日前将上月仓库报表上报总账会计，对盘盈盘亏物品要查明原因，报领导批准登记入账。

（5）做好周转器具的保存管理工作，库房内不准为私人存放物品，不准闲人进入。

违反"保管制度"罚款50元，或按经济损失赔偿。

资料九　现金管理制度

一、现金管理人员的设置

专职出纳员负责现金的收、支、保管等业务，现金出纳员不得兼任稽核、会计档案保管和收入、支出、费用、债权债务账目的登记工作。

二、现金的使用范围

（1）用于对职工个人支付的各种工资、奖金、补贴、补助费等。

（2）供出差旅费、探亲差旅费、零星采购。

（3）其他零星支出。

三、现金的使用与报销

（1）遵守银行结算的有关制度规定，外地采购不准使用大额现金。如果需要使用大额现金采购的，应事先经财务总监批准后，方可采用现金结算。

291

(2)外地采购一律通过银行(或网银)办理汇票手续,不得通过邮局汇款。结算后余款由采购人员通知对方单位用银行(或网银)汇款方式划回汇出单位收入结算账号,不得在对方支取现金。

(3)各项资金借款原则上按原借款用途使用,不得串用、挪用,如需要变更用途的,须事先经财务总监批准后方可使用。

四、现金管理纪律

(1)各单位必须严格遵守银行核定的库存现金限额,不得超限额。当天收入的现金应在当天存入银行,不得坐支现金。

(2)现金出纳人员应每天逐笔序时登记现金日记账,做到日清月结,出纳人员应在每日下班前清点现金余款,如有差错,及时查明原因,并向主管领导汇报。

(3)出纳人员收付款项时,要以经办会计审核的合法凭证进行收付,禁止用白条支取现金。

(4)各单位要严格现金的安全防范工作,对发放的工资、奖金结余或各种暂时不用的其他零用现金,一律由会计人员办理手续(填制收款凭证入账),不得以任何名义存入其他单位或转移。

(5)各单位以现金形式收取的现金折扣、罚款等,必须按照规定交给会计人员做入账处理,不得留用或私分。

(6)经批准出售废旧物资等收入的现金,应由单位的财务部门统一收款并出具收款收据,其他部门不得自行签发收据或白条收据,不得私分、私用。

(7)各单位向财务部门交款、退款、还款时,应索取收款单据,并妥善保管备查。

五、现金及现金支票的安全管理

(1)保管现金的办公室应具备防盗、防火等安全措施,保险柜密码不得泄露他人,并定期更换密码。

(2)存取现金时应有保安措施(两人以上同行),万元以上的单位应派机动车或派人护送。

资料十　银行账户管理制度

一、账户的分类

(1)根据中国人民银行《人民币结算账户管理办法》的分类,公司、分公司将账户按照用途划分为基本存款账户、一般存款账户。

(2)基本存款账户。基本存款账户是因日常转账结算和现金收付需要开立的银行结算账户,是主办账户,用于工资奖金的发放、现金支取和日常资金支付等。其他账户一律不得办理工资发放和现金支取业务。

(3)一般存款账户。一般存款账户是在基本存款账户以外开立的,用于办理转账结算、借款转存、借款归还、税款缴纳、票据贴现等资金收付活动的账户。按照资金实行收支两条线管理的规定,各单位的一般存款账户按资金流向分为收入户、支出户、其他有支出需求的账户和财务公司账户。

①收入户用于归集日常销售等业务收到的全部资金。

②支出户用于办理每日所有的资金支付,包括日常结算资金、向基本存款账户和其他账户转款等,为了压缩银行账户数量,同时符合总部收支两条线的管理规定要求,可以将基本账户同时作为支出账户使用。

二、开、销账户的审批及管理

(1)必须严格按照中国人民银行颁布的《人民币银行账户管理办法》和国家有关规定在银行开立账户,原则上不能在非经营所在地开立银行账户。

(2)银行账户实行统一管理,开立、变更、撤销银行账户,必须报经相关领导审批同意后方可到相关银行或财务公司办理开户、变更、销户手续。

(3)按照公司规定,单位的收入户和支出户限定在工商银行、建设银行、中国银行、农业银行。如因特殊业务需要确需在其他商业银行开立账户的,必须经公司批准。

(4)开立银行账户,必须由财务人员亲自到开户银行柜台办理,严禁通过中间人介绍办理企业的存款业务,严禁公款私存,不得以任何方式对外拆借资金。

(5)在办理银行业务时,不准签发空头支票和超过银行存款余额的付款票据,严格控制加盖银行预留印鉴的空白支票和付款票据的使用,确需使用空白支票和付款票据时,要写明日期、收款人、使用限额及用途;不准出借本单位银行账户为外单位代收代转款项。

(6)财务部门必须每月核对银行账户,并编制银行存款余额调节表,核实未达账项并说明原因,由不相容岗位人员稽核签字。银行存款余额调节表必须由财务部门负责人审核,对未达账项应跟踪核实,发现1个月未对上的未达账项应查明原因,并追查责任。

(7)要利用网上银行查询系统,对相关账户的资金余额情况进行监控和管理。

(8)公司银行卡及卡折取款、转账密码由财务部门指定两人分别保管。

(9)财务部门凭银行卡折进行取款并将款项时,每次取款应至少两人同时前往。

资料十一　员工手册

一、总则

(一)编制目的

员工手册根据公司章程,依据公司人事、行政、财务等规章制度而制定,它能指导员工了解任职期间的有关准则和政策,提供员工在公司可享受的权利、所应承担的责任和义务等资料。熟悉了这些内容后,员工将对公司动作和管理风格有一个更清楚的认识,包括员工对公司的期望和公司对员工的期望。

(二)适用范围

本手册适用于本公司正式员工、试用期员工和兼职员工。

(三)生效与解释

(1)由于公司的发展与经营环境的不断变化,本手册中规定的政策都有可能随之相应的修订。不过,任何政策的变动公司都将及时通知员工。员工有不明确的地方,请提出自己的疑问。

(2)本手册的解释权属于公司人力资源部。

(3)公司的每一位在岗员工都应遵循本手册,本员工手册作为劳动合同的附件,并与劳动合同具有同等效力。

二、员工录用及入职

(一)录用原则

员工的招聘根据本公司业务需要,采用公平、公正、公开的原则,以工作能力、业务水平、敬业精神、道德品格等条件为准,招聘优秀、适用的人才。员工的招聘需先经人力资源部进行笔试及面试,再经总经理面试决定聘用。

(二)录用条件

(1)新聘员工实行试用期制度,试用期限按地方政府和《劳动合同法》的有关规定予以确定。

(2)试用期满考核。

①新聘人员在试用期前需要进行岗前培训,一般时间为 3~7 天,考核通过者,可进入试用期。试用期间被证明不符合录用条件的;严重违反用人单位规章制度的;严重失职,营私舞弊,给用人单位造成重大损害的,给予辞退。试用期满后,员工提出书面申请,并填写"转正申请表",经人力资源部审核,总经理审批后,便可成为公司的正式员工。

②试用期间,表现突出并为公司做出突出贡献的员工,经过人力资源部考核,总经理审批后,可缩短试用期,提前转正。

③新录用人员报到应先到人力资源部办理下列手续:

a. 如实填写相关人事资料表格;

b. 核对学历证书、身份证原件和递交其复印件;

c. 前工作单位的离职证明;

d. 当地政府规定的各类就业证件原件,各项社会保障的转移手续;

e. 交一寸的免冠彩色照片 3 张;

f. 需要办理的其他手续;

g. 各项资料进入公司个人档案,公司统一保管备档,待离职时各项复印件不予返还。

（3）新员工录用报到后，公司凭其提供的合法用工证明与其签署劳动合同书。

（4）所有员工个人情况如住址、婚姻状况、生育状况、紧急情况通知人发生变化时，应于七日内通知人力资源部。

三、薪酬福利

（一）薪酬

1. 付薪理念

按照市场化原则，提供业内富有竞争力的薪酬，吸引和保留企业需要的员工。公司在员工完成指定的任务，履行指定的责任、权利和义务后，按员工职位支付薪酬。

2. 薪酬结构

公司根据员工担任的职务高低、学历、责任大小、工作繁简、工作年限及工作表现确定其工资标准。工资总额由基本工资、岗位工资、绩效工资和补助构成。

（1）基本工资：基本工资是参照本地社会平均收入水平，依据员工的不同岗位职责而设定的，基本满足员工生活需要的工资。

（2）岗位工资：根据不同岗位而设定相应的工资。

（3）绩效工资：绩效工资依据业务指标完成情况提取，从工作业绩、工作效率、纪律性、协调性、积极性、责任心等方面进行考核，并上下浮动。

（4）补助：公司为满足员工的日常生活需要，而额外发放的补贴。

3. 工资支付

（1）公司按月通过银行将劳动报酬支付到员工个人账户里。

（2）工资发放实行先做后付制度，公司发薪日为次月 15 日至 25 日，逢节假日则顺延。

4. 薪酬调整

公司根据每年工资额、效益额、经营状况、竞争能力、物价上涨指数以及员工的工作表现、能力和技术水平的提高程度、当地劳动力市场薪酬变化等因素对薪酬不定期进行局部调整。

（二）福利

1. 社会保险

公司依照国家和地方有关社会保险的规定为正式员工办理各项社会保险。

员工 15 日之前（含 15 日）转正，则公司从员工转正当月开始为员工缴纳保险；员工 15 日之后转正，则公司从员工转正次月开始为员工缴纳保险。

2. 医疗福利

（1）正式员工享受国家规定的医疗期待遇。

（2）正式员工工伤、非因工受伤或患病的，按国家和地方有关规定执行。

3. 休假

（1）公休假。

①公司实行一周五天工作制。

②周六若公司没有重要事情或无培训，一般安排休息。

（2）法定假日：指元旦、春节、劳动节、国庆节、清明节和端午节等法律规定的假日，休假日数依照国家和当地政府规定。

（3）病假。

员工普通伤病、疾病或生理原因必需治疗或休养者，可申请病假。

员工依据工龄不同，享有不同医疗期及工资计算方法，具体员工依据工龄不同，享有同医疗期及工资计算方法，具体如下：

工龄	医疗期	医疗期内扣除工资的计算方法
正式合同期满四年以上	14 天	当月基本工资（含补助）/当月记薪日×天数×0%
正式合同期在两年到四年之间	10 天	当月基本工资（含补助）/当月记薪日×天数×30%
正式合同期在一年到两年之间	7 天	当月基本工资（含补助）/当月记薪日×天数×50%
正式合同期一年以内	5 天	当月基本工资（含补助）/当月记薪日×天数×60%
试用期内	1 天	当月基本工资（含补助）/当月记薪日×天数×80%

员工全年病假日数不得超过医疗期，超出医疗期者超出部分以事假计算扣除工资。

无正当理由或虚构捏造谎报病假者，经查属实，公司按情节给予相应惩罚。

（4）事假

员工因办理私事，经审批同意后，可以请事假。事假期间不发放工资。

事假工资扣除的计算方法：当月基本工资（含补助）/当月记薪日×事假天数。

（5）婚假。

本公司员工经试用合格转为正式员工后，本人结婚可申请婚假，婚假期间工资照发，如员工结婚地点不在当地，则以下假期不含路途时间，路途时间按距当地的远近而定，一般往返为 2~6 天：

①一般婚假 3 天；

②请婚假应附政府相关单位核发之结婚证明文件；

③婚假不能分段申请。

（6）丧假。

本公司员工经试用合格转为正式员工后，依下列规定给予丧假，丧假期间工资照发，如奔丧地点不在当地，则以下假期不含路途时间，路途时间按距当地的远近而定，一般往返为 2~6 天：

①员工之父母、子女或配偶死亡，给丧假 5 天，工资照发；

②祖父母、兄弟姐妹或配偶父母死亡，给丧假 3 天，工资照发。

（7）产假。

女职工生育享受 98 天产假，其中产前可以休假 15 天；难产的，增加产假 15 天；生育多胞胎的，每多生育 1 个婴儿，增加产假 15 天。女职工怀孕未满 4 个月流产的，享受 15 天产假；怀孕满 4 个月流产的，享受 42 天产假。

（8）工伤假：经确认为工伤的，工伤假工资照发。

①员工因执行公务负伤或致伤残者，持指定医院证明，经公司确认，确不能出勤者，核给工伤假，工资照发，假期期满，应主动复职，否则以旷工处理。如情况紧急，可以事后补办手续。

②员工因公负伤，伤愈复发，经指定医院、劳动局等相关部门鉴定，确认为旧伤复发的，可按工伤对待。

4. 其他福利

（1）中秋节、端午节及春节等中华民族传统节日，公司根据风俗给员工发放相应的物品（物品的购买、发放由人力资源部统一负责）。

（2）员工生日当天会收到公司的祝福及生日蛋糕，由总经理签发生日贺卡。

（3）员工结婚之日，公司给予礼金或礼品表示祝贺。

（4）女员工分娩，公司给予礼金或礼品表示祝贺。

（5）员工因病住院时，公司给予慰问品并派人探望。

（6）公司员工死亡或员工直系亲属死亡时，根据情况给予相应抚恤慰问金或慰问品。

四、培训与发展

（一）培训

1. 培训理念

公司尊崇以人为本的宗旨，将人视为公司的第一资本。人是公司最宝贵的财富。重视人才并重视培养和发展人才是公司不断进步的原因，也是未来事业成功的关键。公司不断完善考核体系以更有效地帮助员工改进工作，同时员工还会得到大量的培训，这些都是致力于为每一位员工提供个人成长的规划。

2. 培训目的

通过培训，使员工达到并保持在本职工作岗位上进行规范服务的要求。

3. 培训种类及内容

（1）新员工入司培训。

新员工入司后，公司将对员工进行企业文化、公司规章制度及所属部门业务的培训。每项培训都会伴随相应的考核，全部考核通过之后，可以进入试用期。

（2）在职辅导。

员工的上司或资深同事会通过制订工作计划、分配工作、评价考核业绩、推进工作改善、帮助解决问题等途径，在日常工作中对员工进行培养、指导。

（3）岗位交流。

为利于员工进一步了解公司，学习、总结、提炼实际操作经验，在公司范围内进行岗位交流。

（4）其他培训。

①根据工作的需要，公司不定时组织相关工作技能培训。

②公司还将不定期地为员工提供外训的机会。

(二)发展

员工的成长和进步对公司是很重要的,因为公司的未来取决于每一位员工的成功。公司为员工提供了畅通的发展渠道和可持续的发展空间。公司建设自己的人才后备系统和人才梯队,候选者将被重点培训和培养,以发展成为公司的部门主管或高级专业人士。公司尊重每一位员工并珍惜他为公司做出的贡献,员工的发展快慢归根结底取决于员工的能力和所取得的成绩。

五、办公管理规范

(一)员工守则

(1)遵守国家政策、法令、法规,遵守本公司规章制度。

(2)不迟到,不早退,不旷工,恪尽职守,工作讲究效率,快事快办。

(3)客户至上,服务第一,亲切礼貌,热诚相待,为客户提供周到的服务,任何情况下不允许向客户发牌气。

(4)不许泄露公司及客户的商业秘密,包括经营情况和客户关系等。

(5)尊重上级,认真听从上级主管人员的工作指示和教导,服从指挥,团结同事、互帮互助,按时保质保量完成各项工作任务。

(6)正确、有效、及时地与同事、与其他部门沟通意见看法。遇到问题不推卸责任,共同建立互信互助的团队合作关系。

(7)专精业务知识和技能,开发自身潜力,表现出主动参与、积极进取的精神。

(二)员工形象

(1)精神饱满,举止大方,行走敏捷,坐姿端正。

(2)服装整洁,色彩搭配协调,工作时间不穿奇装异服。

(3)头发要梳理整洁,男士不留长发,女士严禁浓妆艳抹、佩戴过多的饰品。

(三)公司内外礼节

(1)每天与同事(包括总经理)第一次见面时,要互相打招呼问好。

(2)在办公室内行走,步伐要敏捷轻巧,不跑动,遇到与客人同行时,主动侧身让行。

(3)语言文明礼貌,不说粗话、脏话,严禁在工作时间和办公场所大声喧哗。

(4)办公室内应将手机电话铃音调小,避免来电话时影响其他员工办公。

(5)开会时严禁接听拨打电话(包括客户电话),严禁交头接耳,注意会议纪律。

(6)严禁工作时间在办公室内用餐,禁止在办公室内吃气味大的食品。

(四)电话接听礼节和使用规定

(1)听到第一声电话铃声时,要及时接听电话,没有特殊原因不得拖延。

(2)接听电话时应先说:"您好",对于解决不了的问题要及时记录或转交给其他负责人。

(3)接听客户的电话要问明对方要办理的事项,如实做好记录,语言要柔和亲切。

（4）挂断电话前要说："再见"，等对方挂断后才可轻轻放下话筒。

（5）员工手机在工作时间必须开机，保持及时可沟通状态。

（6）销售人员应及时为移动座机充电，并防止座机损坏。

（7）公司配备的手机和移动座机，如因使用不当引起的损坏或丢失需当事人赔偿。

（五）办公环境

（1）公司所有员工必须保持个人桌面的整洁，员工在午休、外出拜访时须维护好自己座位的卫生，离开座位时要将椅子推回原位。

（2）桌面上除文件夹、水杯、笔筒、名片盒、日历以外的东西不允许摆放，桌子下面不允许放置其他与工作无关物品。

（3）公司内严禁吸烟，除会客需要。

（4）公司所有员工在使用完会议室后需维护好卫生方可离开。

（5）公司所有员工在会客后必须清理会客区，以确保下一位客人对会客区的良好印象。

（六）惩罚措施

对于员工违反公司办公管理规范之行为，人力资源部根据违反的情节轻重，给予相应的罚款（30～50元不等）。

六、公司规章制度

（一）考勤管理制度

（1）公司工作时间为周一至周五 8:00—17:00，11:30—12:30 为午休时间。

（2）周末若公司没有重要事情或无培训，一般无安排。

（3）公司实施每日全员考勤打卡制度。即全体员工上班和下班时打卡，登记出勤和退勤时间。考勤由公司人力资源部负责。

（4）如员工迟到，应在早上 8 点前电话通知人力资源部；下午 5 点不能准时返回公司，应在下午 5 点前电话通知人力资源部。

（5）如员工出现忘记打卡的情况，请于当日至人力资源部说明原因并登记。

（6）上班迟到 10 分钟内罚款 10 元，20 分钟内罚款 20 元，30 分钟内罚款 30 元，迟到 30分钟以上按旷工处理。

（7）人力资源部需在每日 8 点 30 分之前，将当日迟到情况在 OA 上公布。

（8）每月最后一天，人力资源部根据打卡记录和 OA 上的迟到记录制作本月出勤情况统计表，并由当事人签字确认。

（9）如遇恶劣天气或不可抗拒因素，公司会根据实际情况酌情考虑。

（二）请假管理制度

1.请假流程

（1）请假执行事前填单审批制度，请假人须在请假前至人力资源部申领、填写"请假单"。

（2）"请假单"由副总经理批准后交至人力资源部备案。

（3）若因突发事件无法事先办理请假手续者，需向副总经理致电请假，准假后由当事人通知人力资源部，并在事后补办请假手续。

（4）员工当日请假，需在早上 7:30 之前向副总经理请假，准假后由当事人告知人力资源部，并在事后补办请假手续。

（5）续假需在假期结束前 1 小时履行相关手续。

（6）假期结束后至人力资源部销假并打卡记录。

2. 请假管理

（1）凡因未请假、请假未批准、假期已满未续假或续假未准等情况而未上班者，一律按旷工处理。

（2）请假人假前需将自身工作交接于相关人员，若因请假延误工作造成的损失由请假人承担。

（3）员工请假须向副总经理请假，准假后须告知人力资源部。

（4）员工普通伤病、疾病或生理原因必需治疗或修养者，可申请病假；病假 2 天以上（含 2 天）需在销假时出具正规医院病休假条（附病情报告），无相关证明者以事假计算扣除工资。

（5）请假以 0.5 天为计算单位，不足 0.5 天，按 0.5 天计算扣除工资；超过 0.5 天不足 1 天，按 1 天计算扣除工资。

（6）员工请假必须由本人亲自跟副总申请，不得由他人代请，他人代请按照旷工处理。

（7）无正当理由或虚构捏造谎报请假理由者，经查属实，公司按情节给予旷工处理或警告甚至开除。

（8）所有员工当日缺勤请假必须在每日上午 8 点前将请假事由、原因报到人力资源部；人力资源部汇总后必须在每日上午 8 点 30 分前将请假事由、原因报给总经理，并在 OA 上进行公布。

（9）每月最后 1 天，人力资源部整理好请假记录制作本月出勤情况统计表，并由当事人签字确认。

（10）旷工 1 天按事假 3 天计算扣除工资，旷工 2 天开除。

（三）值日制度

（1）员工按照值日生表排列顺序进行值日工作。

（2）值日人员需 7:40 准时到公司值日，值日工作需在 8:00 前完成。

（3）值日迟到，每次罚款 30 元，如临时有事不能及时到达公司，需自行找其他同事替换值日，并在事后通知人力资源部。如果没有替换，按值日迟到处理。

（4）各组长负责分配工作和检查验收组员的值日情况。

（5）打扫内容包括：

①擦干净每人办公桌面、电脑、键盘等（包括经理办公室）；

②清扫地面，拖地；

③倾倒垃圾桶、烟灰缸；

④涮洗会客室水杯。

（6）人力资源部负责监管值日人员的到岗时间，并随时抽查值日质量，如有不合格,除责令清扫人员重新清扫外,将责罚该组重新值日一天。

（四）计算机使用管理规定

（1）所有配备计算机的员工均为所使用计算机的第一责任人,有义务对所使用计算机及相关辅助设备(如打印机、扫描仪等)的正确使用、数据安全和保密、病毒防范、设备安装及设备清洁等工作负责。

（2）严禁在计算机上安装游戏软件并运行游戏。如被发现所用计算机上安装有游戏(操作系统附带的游戏除外),将给予该机器责任人处理,并给予200元的经济处罚。

（3）严禁使用计算机做与工作无关的事情。如玩各种网络游戏、观看视频、听音乐、下载,一经发现给予200元经济处罚。

（4）禁止在计算机上设置开机或运行密码,特殊部门因工作等必须设置密码,需到人力资源部申请并备案。

（5）所有计算机均应安装杀毒软件,严禁私自卸载,所有使用计算机的员工必须按时进行杀毒软件的升级。

（6）所有配备计算机的员工须正确使用爱护机器,保持机器周围的卫生。

（7）员工长时间外出(2小时以上),应关闭电脑节约用电。

（8）在下班离开公司之前必须将计算机正常关闭(包括显示器)并关掉其他相关设备(如打印机、扫描仪等)的电源。

（9）人为原因造成计算机及相关外设损坏由公司按照实际情况定出赔偿金额,由损坏人按价赔偿。

（10）员工离职前必须通知人力资源部进行机器检查,检查通过后方可离开。

（五）办公手机使用管理规定

（1）所有配备办公手机的员工均为所使用手机的第一责任人,有义务对所使用手机的正确使用、妥善保管等工作负责;

（2）公司每月为持有办公手机的员工给予10元话费补助。

（3）人力资源部于每月月初统计每部办公手机话费使用情况,并作出明细,请各手机持有人签字确认,超出10元补助范围由手机持有人支付,支付方式为在当月工资中扣除。

（4）员工的办公手机必须保持24小时开机,确保及时可沟通状态,如发现2次以上因为关机等没有及时接听公司或客户电话,造成工作的延误或者对公司造成损失,公司会视情节轻重给予30~100元不等处罚,并取消办公手机使用权。

（5）所有配备办公手机的员工必须正确使用并爱护手机,如人为原因造成手机损坏或者丢失,公司会按照实际情况定出赔偿金额,由责任人按价陪偿。

（六）保密制度

由于竞争的存在以及员工对公司的责任,每个员工都有保守公司秘密的义务,这种保密义务,不仅限于员工在公司工作的合同期内,而且应注意无论是退休或离职后,员工都将承担这种义务。

1. 商业秘密的范围

凡在本公司就职而获取的文件、资料、稿件、表格等业务信息,如有关客户名单、合作目的、价格、营销、员工薪酬,无论是口头、书面的或是电脑文件形式的,无论是客户的或本公司的均属商业秘密。

（1）公司的下列人员负有保守公司商业秘密的责任：

①实习及试用期内的人员；

②正式聘用的人员；

③负有保守公司商业秘密责任的其他人员。

（2）公司员工不得有以下侵犯公司商业秘密的行为：

①不得盗窃、利诱、胁迫或者使用其他不正当手段获取公司的商业秘密；

②不得未经公司许可披露、使用或者允许他人使用公司资源；

③不得将公司的经营状况、经营策略、财务情况透漏给他人或其他公司；

④不得违反公司有关保守商业秘密的要求,披露、使用或允许他人使用其所掌握的商业秘密；

⑤不得未经公司授权,随意接受媒体的采访,发布任何言论。

（3）竞业禁止：

①在公司任职期间,不得在与本公司存在竞争关系的其他企业中兼职；

②在公司任职期间,不得自行组织公司、企业与本公司竞争；

③在公司任职期间或离职后,不得抢夺公司的客户；

④不得引诱他人离职。

2. 工资保密

公司员工不得向他人泄漏自己月薪所得,亦不得询问本公司其他员工的月薪所得。

3. 法律责任

违反规定,情节轻微的,公司有权根据情节给予 200～500 元不等的经济惩罚；给公司造成损失的,公司有权要求赔偿；触犯刑法的,公司有权依法追究刑事责任。

（七）加班管理制度

1. 目的

为明确加班审批程序及有关费用的计算,特制定本制度。

2. 适用范围

适用于公司全体员工。

3. 程序内容

公司提倡高效率的工作,鼓励员工在工作时间内完成工作任务,但对于因工作需要的加班,公司支付相应的轮休（工作日、周末）或者加班费（法定节假日）。

4. 加班申请及记录

(1) 工作日加班者：如员工个人申请加班，员工需在实际加班的前一天下午 5 点之前，把经过部门经理和总经理批准的加班申请交到人力资源部；如部门经理安排部门员工加班，部门经理需要向总经理申请后到人力资源部来办理员工加班的相关手续；部门经理申请加班，需要在实际加班的前一天下午 5 点之前，把经过总经理批准的加班申请交到人力资源部。

(2) 假日加班者：如员工是个人申请加班，员工需在实际加班前的最后一个工作日的下午 5 点之前，把经过部门经理和总经理批准的加班申请交到人力资源部；如部门经理安排员工假日加班，部门经理需在实际加班前的最后一个工作日的下午 5 点之前，至人力资源部办理员工加班的相关手续；部门经理申请假日加班，需在实际加班前的最后一个工作日的下午 5 点之前，把经过总经理批准的加班申请交到人力资源部。

(3) 执行：为了更好地培养大家做计划的好习惯，公司将强制执行加班需要提前申请的做法。因此，如果不能在规定时间交出加班申请的员工及部门经理，其实际加班时间将视为无效。

(4) 加班时数：周末和假日的加班申请表上需要注明预计需要工作的小时数，实际加班时数与计划不能相差太远，部门经理需要对加班时间进行监控和评估。

(5) 紧急任务：特殊情况需要临时计划加班者，部门经理需要加以额外的说明。

(6) 上、下班打卡：无论是工作日、周末或节假日加班，员工均应如实打卡，记录加班时间。

5. 加班薪资

工作日及周末加班的全部给予换休；国家法定节假日加班，付给其本人全部工资的 300%。

备注：

(1) 公司安排的内部培训及员工活动不计做加班；

(2) 如员工自身原因没有完成当日的工作任务，需用下班时间补上，则不计做加班；

(3) 加班工资结算发放每月一次，由人力资源部核实后月底随工资一起发放；

(4) 人力资源部对本制度具有解释权。

(八) 公司车辆管理制度

1. 目的

为加强本公司车辆的保管及有效运用，特制定本规定。

2. 车辆分配

车辆使用需提前申请，同意之后方可驾驶。

3. 管理细则

(1) 车辆驾驶人员应每周实行定期车辆检查及保养，确保行车安全。

(2) 车辆驾驶人员必须遵守《中华人民共和国道路交通管理条例》及有关交通安全管理的规章规则，安全驾车。

（3）出车前,要例行检查车辆的水、电、机油及其他机件性能是否正常,发现不正常时,要立即加补或调整。

（4）公司用车应设置"车辆行驶记录表",并在使用前核对车辆里程表与记录表上前一次用车的记载是否相符,每日使用后应记载行驶里程、时间、地点、用途等。人力资源部每月会不定期抽查《车辆行驶记录表》登记情况。

（5）财务部设置"车辆使用记录表",由出纳人员于每次加油及修养时记录,以了解车辆受控状况。

（6）节假日等非工作时间,车辆的调用需经总经理或董事长批准后方可使用。

（7）车辆每日使用完毕后和节假日应停放在公司指定场所,并检查车门是否上锁。

4.违规与事故处理

（1）在下列情形之一的情况下,违反交通规则或发生事故,由驾驶人负担,并予以记过或免职处分:

①无照驾驶。

②未经许可将车借予他人使用。

（2）违反交通规则,其罚款由驾驶人负担。

（3）各种车辆如在公务途中遇不可抗拒的事故发生,应先急救伤患人员,向附近警察机关报案,并立即通知人力资源部。如属小事故,可进行处理后向人力资源部报告。

（4）意外事故造成车辆损坏,在扣除保险金额后再视实际情况由驾驶人与公司协商后共同负担。

（5）发生意外交通事故后,如需向受害当事人赔偿损失,经扣除保险金额后,其差额由驾驶人与公司协商后共同负担。

七、奖励与处罚

（一）奖励

1.奖励理念

充分调动员工的积极性和创造性,激发各类人才的聪明才智和创造精神,营造尊重劳动、尊重知识、尊重人才、尊重创新的良好氛围,促进公司跨越式发展。对为公司经营管理做出贡献的员工实施奖励。

2.奖励范围

（1）品德端正,工作努力,有出色或超长表现者。

（2）检举违规或损害公司利益者。

（3）对公司经营业务或管理制度提出有效合理化建议,得到采纳实施,并取得重大成果和显著成效者。

（4）为公司取得重大社会荣誉,或其他特殊贡献,为员工表率者。

（5）忠于职守,积极负责,不断改进工作,业绩十分突出者。

3. 奖励形式

奖励的形式有通报表扬、奖金、晋职及奖励性假期等。

(二)处罚

1. 处罚目的

想要获得一流的管理,纪律是不可少的保证。为了规范员工行为,体现制度面前人人平等的原则,做到有过必罚,为达到教育员工、减少公司损失的目的,特制定该处罚制度。

2. 处罚分类

结合本手册中明确的需给予处罚的行为,以违反劳动纪律或规章制度的严重性,将处罚分为三类,详细如下。

(1)一般违反劳动纪律或规章制度的行为:

①工作时间不认真工作,串岗、长时间聊天、做与工作无关的事情;

②工作时间打闹嬉笑、大声喧哗影响工作秩序;

③对上司、同事及客户和各类来访者不礼貌;

④工作时间睡觉,玩电脑游戏、看视频、浏览与工作无关的网页,看与工作无关的书籍报刊;

⑤当月连续三天无故迟到、早退或当月旷工一天;

⑥利用公司设备、设施办理个人事情;

⑦接到客户投诉,经查属实,但未造成大的影响;

⑧不按计划进度完成工作任务或完成工作任务不及时,经督促帮助仍不改正;

⑨不服从主管人员合理指导,情节轻微者;

⑩工作时间吃东西。

(2)较重违反劳动纪律或规章制度的行为:

①工作时间擅自离开公司外出,擅离职守;

②工作时间喝酒;

③无理取闹,聚众滋事,起哄,造成工作秩序混乱者;

④无故不打卡,经2次教育不改,在考勤上弄虚作假,或帮助别人在考勤上弄虚作假者;

⑤故意不服从上级管理,拖延或拒绝上级交给的工作任务;

⑥玩忽职守或接到客户投诉,致使公司蒙受较大损失;

⑦损坏或遗失公司贵重财物,造成较大损失;

⑧人为的制造矛盾、无中生有、造谣传话、散步不利于工作和同事间团结的言论;

⑨一般违反劳动纪律和规章制度的行为,累计两次被处罚的;

⑩其他违反公司规定,情节严重,造成恶劣影响的。

(3)严重违反劳动纪律或规章制度的行为:

①累计旷工两天或两天以上;

②盗窃公司或同事财物,经查明属实;

③向第三方或未授权方泄露公司秘密,伪造公司文件;

④伪造或盗用公司公章；

⑤未经许可兼营与本公司同类业务或在其他公司兼职；

⑥营私舞弊，挪用公款，收受贿赂；

⑦触犯国家法律、法规，受刑事处分；

⑧造谣惑众、破坏团结、煽动他人闹事、怠工，搅乱正常生产或工作秩序；

⑨利用公司名义在外招摇撞骗，使公司名誉受损；

⑩较重违反劳动纪律和规章制度的行为，累计两次被处罚的；

⑪其他类似性质的行为。

3. 处罚方式

（1）对有一般违反劳动纪律或规章制度行为的员工，视情节严重程度可以给予口头警告、书面警告和通报批评的处罚；

（2）对有较重违反劳动纪律或规章制度行为的员工，视情节严重程度可以给予记过或降职的处罚；

（3）对有严重违反劳动纪律或规章制度行为的员工，公司可按照《中华人民共和国劳动合同法》相关规定予以解除劳动合同；

（4）对于一般和重大违纪或违规行为的处罚可以结合经济处罚一并使用，所有违纪处理将以书面通知员工本人，并按照规定将处罚记录存放于员工个人档案内。

（三）投诉与合理化建议

（1）人力资源部、部门经理及公司副总、总经理均是申诉对象。

（2）当员工认为个人利益受到不应有的侵犯，或对公司的经营管理措施有不同意见，或发现有违反公司各项规定的行为时，可选择适当的申诉渠道向公司投诉。

（3）投诉方式可选用面谈和书面两种形式，如选用书面方式，投诉书必须署名，公司不受理匿名投诉。

（4）各级责任人或责任部门在接到员工投诉后，将在投诉事件涉及的相关当事人中进行调查，并根据调查结束尽快做出处理决定。

（5）公司鼓励员工对公司提出合理化建议，如果对公司的发展、管理等问题有自己看法和观点，无论是大的问题、小的细节公司都希望得到员工的建议。

八、离职

（一）辞职

（1）试用期员工提出辞职，需提前三天通知公司，经人力资源部及总经理审批后办理相关手续。

（2）正式员工合同期内提出辞职，须提前一个月以书面方式通知公司，经人力资源部及总经理审批后办理相关手续。

（二）合同终止

劳动合同期满或者当事人约定的劳动合同终止条件出现时，劳动合同可以终止，但提出终止申请方须提前 30 天以书面形式通知对方。

（三）解除合同

（1）员工有下列情形之一的,公司有权解除劳动合同:

①试用期间被证明不符合录用条件的;

②严重违反公司规章制度的;

③严重失职,营私舞弊,给公司造成重大损失的;

④同时与其他用人单位建立劳动关系,影响公司工作任务完成,或者经公司提出,拒不改正的;

⑤以欺诈、胁迫的手段或乘人之危与公司在违背真实意思的情况下订立或变更劳动合同的;

⑥被查实在应聘时向甲方提供虚假的个人资料、信息和证明者;

⑦被依法追究刑事责任的。

（2）有下列情形之一的,公司可以解除劳动合同,但是应当提前 30 日以书面形式通知员工或者额外支付员工 1 个月工资:

①员工患病或者非因工负伤,医疗期满后,不能从事原工作也不能从事由公司另行安排的工作的;

②员工不能胜任工作,经过培训或者调整工作岗位,仍不能胜任工作的;

③劳动合同订立时所依据的客观情况发生重大变化,致使原劳动合同无法履行,经协商仍不能就变更劳动合同达成协议的。

（四）离职手续

不管以何种方式离职,都要求在离职前妥善处理完工作交接事宜,完备离职手续,包括:

（1）交还所有公司资料、文件、办公用品及其他公物(如公司配发的工具);

（2）向指定的同事交接经手过的工作事项;

（3）报销公司账目,归还公司欠款;

（4）如与公司签订有其他合同(如培训协议、保密协议),按其约定办理;

待所有离职手续完备后,领取离职当月实际工作天数薪金。

资料十二　绩效考核制度

一、总则

（一）绩效考核的目的

为系统的提升公司的管理水平和员工的综合素质,建立科学的绩效管理制度,充分调动员工的积极性、创新能力和工作规划能力,使公司每一名员工都紧紧围绕公司的发展战略目标,高效地完成工作任务,更好地体现责任权利的关系,实现优胜劣汰的考核机制。根据公司的实际情况,特制定本考核制度。

(二)绩效的定义

(1)绩效是指成绩和效果,包括个人绩效和组织团队绩效,是组织期望的结果,为实现组织目标、个人目标而展现在不同层面的有效输出。

(2)绩效是指被考核人所取得的工作成果,考核员工的工作态度、工作技能和本职工作任务完成情况,包括每个岗位的岗位职责指标和公司年度任务分解到各部门及岗位的指标。

(三)绩效考核的意义

(1)通过目标逐级分解和考核,促进公司经营目标的实现。

(2)规范工作流程,提高公司的整体管理水平。

(3)提高员工的主观能动性,发挥员工个人才能,高质高效地完成工作任务。

(4)建立良好的激励机制,通过考核给予员工与其贡献相应的激励以及公正合理的待遇,激发员工工作热情和提高工作效率。

(5)通过对员工在一定时期内所表现出来的工作成绩、态度、能力、素质和努力程度的考核,做出客观评价;帮助员工提升自身工作水平和综合素质水平,从而有效提升公司的整体绩效和员工整体素质。

(6)了解每一位员工的实际工作状况、工作执行和适应情况,为教育培训、工作调动以及提薪、晋升、奖励表彰等提供客观可靠的依据。

(7)通过绩效考核促进上、下级双向沟通和各部门间的相互协作。

(四)绩效考核的原则

(1)自始至终应保持公平、公正、公开的透明性原则,决不允许营私舞弊。

(2)上、下级垂直考核与自评相结合的原则。

(3)考核不是制造员工的差距,而是实事求是地发现员工工作中的优点和缺点,帮助员工扬长避短,起到改进与提升的作用。

(4)定性考核与定量考核相结合原则,以规定的考核项目、确定的事实或者可靠的材料为依据。

(5)责、权、利相结合的原则,即绩效评估的结果与激励、奖惩挂钩。

(五)考核结果的用途

考核结果的用途主要体现在以下几个方面:

(1)月度绩效工资的发放;

(2)年度效益工资的发放;

(3)薪酬层级的调整;

(4)岗位晋升及下降调整;

(5)员工培训安排;

(6)先进评比;

(7)股东资格积分。

（六）适用范围

本考核制度适用于公司通过试用期的全体正式员工。

（七）本考核制度下列人员例外

（1）月度出勤率不足80％的员工，不参加月度绩效考核。以实际出勤为准，含公假。

（2）通过试用期后不满三个月的员工不参加年度考核。

（3）合同期未满或合同期满提出离职的员工只支付在公司期间的月度固定工资（固定工资＝基础工资＋学历工资＋岗位工资＋职务工资＋技能工资＋工龄工资）。

二、考核方法

（一）考核指标的设立

（1）与公司总体任务挂钩。从公司层面考核财务层面指标。

（2）与本部门任务挂钩。考核指标根据岗位职责、工作计划、部门重点、年度目标等，绩效指标可从公司下达的考核指标库中选取，亦可结合工作实际情况由上、下级之间共同协商，形成效考核指标，报总经理审批后实施。

（3）与相关部门业绩挂钩。部门指标不是孤立的，要与上、下游相关部门的业绩指标结合考虑。

（4）设定目标值要求与企业年度整体任务挂钩。确定岗位考核指标的依据：企业历史数据、行业平均数据、企业计划增长值。

（5）指标数量以不同层级、结合岗位自身职责与公司各层次目标制订，结合公司目前工作重点的方式选择考核周期内的工作重点或岗位职责中的关键性工作作为考核指标。

（6）绩效考核指标一旦确定不得轻易更改，如确因工作需要更改的，需经被考核人直接上级与办公室负责人商定，报总经理批准后方可生效。如有争议，薪酬管理委员会有最终裁决权。

（二）考核指标设立的要求

（1）重要性：考核项目数量不宜过多，选择考核周期内的工作重点或岗位职责中的关键性工作或亟需解决、改善的问题作为考核指标。

（2）挑战性：考核标准的制订应力求接近实际，以使员工可以达到目标，并具有一定的挑战性。

（3）一致性：各层次目标应保持一致，部门目标要以分解、保证公司战略目标为基础。

（4）民主性：考核指标的制订可由上、下级人员共同商定，而不单单由上级指定。

（三）考评程序

（1）指标与权重的确定。根据工作重点和行为表现，合理分配考核指标的权重，各部门负责人与办公室沟通确定直接下级的考核指标。

（2）各级考评主体进行逐级考核评分，考核采用先自我评价，再由上至下进行逐级评分的方式。

（3）各级同时考核，即自评与直接上级考评同时开展，员工进行自评时应同时提交由统

309

一制订的相关工作报告文件。

（4）各负责人按规定时间收齐被考核对象的考核表进行打分并汇总，考核结果提交办公室。

（5）办公室将各部门的考核结果进行统计、汇总，整理后报总经理审批。

（6）办公室将审批后的考核结果进行统计、归档，并交财务部，作为月度绩效考核工资、效益工资发放的依据。

（7）直接上级对直接下级进行绩效面谈，将考核结果反馈给员工本人并与员工沟通（如有异议可书面形式向公司薪酬管理委员会提出申诉），提出改进建议，协商改进计划。

（四）公司级绩效考核评分

考核表中的考核指标均按满分 100 分评分。

评审分数（分）	奖金系数（K）
$A > 95$	1.20
$90 < A \leqslant 95$	1.10
$85 < A \leqslant 90$	1.00
$80 < A \leqslant 85$	0.90
$65 < A \leqslant 80$	0.80
$A \leqslant 65$	0.00

注：A 为公司级指标得分。

（五）部门级绩效考核评分

（1）在结合公司级指标完成情况的基础上，再考虑部门级指标完成情况。

（2）考核表中的考核指标均按满分 100 分评分，分数与奖金系数对应关系如下。

评审分数（分）	奖金系数（K）
$B > 95$	1.30
$90 < B \leqslant 95$	1.20
$85 < B \leqslant 90$	1.00
$80 < B \leqslant 85$	0.90
$65 < B \leqslant 80$	0.80
$B \leqslant 65$	0.00

注：B 为部门级指标得分。

（六）考核记录

（1）月度或年度考核在实施前，被考核对象的直接上级负责将考核维度、指标和权重向被考核人说明并相互认可。

（2）被考核人上级负责建立日常考核记录，将考核内容进行记录，作为考核打分的依据，同时作为考核结果反馈和考核申诉处理的依据。

（3）考核结果以文件档案形式保存，保存期限为 2 年。

资料十三 国家税务总局关于简化建筑服务增值税简易计税方法备案事项的公告

国家税务总局公告 2017 年第 43 号

为进一步深化税务系统"放管服"改革,简化办税流程,根据《国家税务总局关于进一步深化税务系统"放管服"改革 优化税收环境的若干意见》(税总发〔2017〕101 号)要求,现就建筑服务增值税简易计税方法备案事项公告如下。

(1)增值税一般纳税人(以下称"纳税人")提供建筑服务,按规定适用适用或选择适用简易计税方法计税的,实行一次备案制。

(2)纳税人应在按简易计税方法首次办理纳税申报前,向机构所在地主管税务机关办理备案手续,并提交以下资料:

①为建筑工程老项目提供的建筑服务,办理备案手续时应提交《建筑工程施工许可证》(复印件)或建筑工程承包合同(复印件);

②为甲供工程提供的建筑服务、以清包工方式提供的建筑服务,办理备案手续时应提交建筑工程承包合同(复印件)。

(3)纳税人备案后提供其他适用或选择适用简易计税方法的建筑服务,不再备案。纳税人应按照本公告第二条规定的资料范围,完整保留其他适用或选择适用简易计税方法建筑服务的资料备查,否则该建筑服务不得适用简易计税方法计税。

税务机关在后续管理中发现纳税人不能提供相关资料的,对少缴的税款应予追缴,并依照《中华人民共和国税收征收管理法》及其实施细则的有关规定处理。

(4)纳税人跨县(市)提供建筑服务适用或选择适用简易计税方法计税的,应按上述规定向机构所在地主管税务机关备案,建筑服务发生地主管税务机关无需备案。

(5)本公告自 2018 年 1 月 1 日起施行。

特此公告。

国家税务总局
2017 年 11 月 26 日

资料十四　财政部　税务总局关于建筑服务等营改增试点政策的通知

财税〔2017〕58号

各省、自治区、直辖市、计划单列市财政厅（局）、国家税务局、地方税务局，新疆生产建设兵团财务局：

现将营改增试点期间建筑服务等政策补充通知如下：

（1）建筑工程总承包单位为房屋建筑的地基与基础、主体结提供工程服务，建设单位自行采购全部或部分钢材、混凝土、砌体材料、预制构件的，适用简易计税方法计税。

地基与基础、主体结构的范围，按照《建筑工程施工质量验收统一标准》（GB50300—2013）附录B《建筑工程的分部工程、分项工程划分》中的"地基与基础""主体结构"分部工程的范围执行。

（2）《营业税改征增值税试点实施办法》（财税〔2016〕36号印发）第四十五条第（二）项修改为"纳税人提供租赁服务采取预收款方式的，其纳税义务发生时间为收到预收款的当天"。

（3）纳税人提供建筑服务取得预收款，应在收到预收款时，以取得的预收款扣除支付的分包款后的余额，按照本条第三款规定的预征率预缴增值税。

按照现行规定应在建筑服务发生地预增值税的项目，纳税人收到预收款时在建筑服务发生地预增值税。按照现行规定无需在建筑服务发生地预增值税的项目，纳税人收到预收款时在机构所在地预增值税。

适用一般计税方法计税的项目预征率为2%，适用简易计税方法计税的项目预征率为3%。

（4）纳税人采取转包、出租、互换、转让、入股等方式将承包地流转给农业生产者用于农业生产，免征增值税。

（5）自2018年1月1日起，金融机构开展贴现、转贴现业务，以其实际持有票据期间取得的利息收入作为贷款服务销售额计算缴纳增值税。此前贴现机构已就贴现利息收入全额纳增值税的票据，转贴现机构转贴现利息收入继续免征增值税。

（6）本通知除第五条外，自2017年7月1日起执行。《营业税改征增值税试点实施办法》（财税〔2016〕36号印发）第七条自2017年7月1日起废止。《营业税改征增值税试点过渡政策的规定》〔财税（2016）36号印发〕第一条第（二十三）项第4点自2018年1月1日起废止。

财政部　税务总局
2017年7月11日

实训二
营运管理岗

实训目标

知识导向

1. 了解营运管理岗的岗位职责。
2. 了解不同产品的构成和特点。
3. 熟悉费用预算表的编制。

能力追求

1. 能看懂费用预算表。
2. 会编制收入、费用等的预算表。
3. 掌握弹性预算编制方法。
4. 独立进行保本点分析和敏感性分析。

德技双修

公私分明,廉洁自律

  会计人员首先要树立正确的人生观和价值观,在工作岗位上要公私分明,不贪不占。会计人员不仅要遵纪守法,不违法乱纪、以权谋私,做到廉洁自律;而且要敢于、善于运用法律所赋予的权利,尽职尽责,勇于承担职业责任,履行职业义务,保证廉洁自律。

岗位介绍

一、岗位描述

营运管理岗是对公司的各个部门日常经营行为及业务、财务等预算执行情况、运营流程和相互衔接执行具体的指导、协调和监督职能。

二、岗位职责

(1)提出公司长期发展目标的制订、战略方向的确定和短期目标的制订等具体工作目标。

(2)制订实现销售预算目标、成本费用控制目标的具体手段和办法。

(3)明确实现分目标的实施计划。确定实现分目标的具体负责人,并共同商讨,列出目标实现时间表,明确实施步骤及实施人、实现时间段等。

(4)实施跟踪。对实施过程中出现的具体问题,应由该分目标的具体负责人提出,和营运管理岗共同商讨,确定最终解决问题的手段。

(5)经营效益预算分析。对实施过程中出现的具体问题,该分目标的具体负责人不能执行或偏差较大而不主动反映的,营运部可行使其监督权力,指出存在的具体问题,督促并协助解决该项目的具体问题。

(6)经营决策分析评价。在计划时间内完成具体目标后,对目标完成情况进行总结,并分析其间出现的问题,商讨改进办法,并做进一步完善。

岗位资源

业务资源一:收入预算编制说明

根据公司销售运营部收集到的信息,2019 年的经营情况将发生如下变化。

(1)由于人工成本大幅上涨,别墅平均单价 2019 年较 2018 年每平方米上涨 6% ,普通住宅每平方米上涨 8% 。

(2)2019 年因政府改善政策性住房导致装修总量发生变化,其中:舒适独栋别墅增加 9% ,品质独栋下降 8% ,尊享独栋下降 5% ,尊享天伦家居增加 7% ,品质成功家居增加 6% ,舒适温馨家居增加 14% 。

(3)根据历史经验,销售量各季度占全年比例基本保持稳定,预计 2019 年各季度销售量占比与 2018 年预计各季度销售量占比相同。在预算执行期间,公司会根据市场预期,同行业竞争情况及国家宏观政策等对预算进行适当调整。

业务资源二:产品分类明细表

编制单位:×××装饰有限公司

类型	品种	建筑面积(m²)	备注
别墅	尊享独栋别墅	350~500	6居室以上
	品质独栋别墅	200~350	4~6居室
	舒适独栋别墅	130~200	3~5居室,含联排
普通住宅	尊享天伦家居	110~150	3~4居室
	品质成功家居	70~110	2~3居室
	舒适温馨家居	70	1~2居室及70m²以下

业务资源三:装修套餐报价明细表

产品套餐搭配报价表

编制单位:×××装饰有限公司

标准套餐	套餐搭配选择项目			
基础套餐	温馨套餐	舒适套餐	品质套餐	尊享套餐
厨房套餐	温馨厨房套餐	舒适厨房套餐	品质厨房套餐	尊享厨房套餐
卫浴套餐	温馨卫浴套餐	舒适卫浴套餐	品质卫浴套餐	尊享卫浴套餐
报价	699~988元/m²	828~1 188元/m²	1 038~1 388元/m²	1 288~1 688元/m²
类别	住宅		别墅	

注:上述套餐中的价格不含成本采购价格。

产品套餐主要内容

编制单位:×××装饰有限公司

施工位置	施工项目	施工内容
全屋	基础施工	墙顶面基层处理、地面找平、门洞修补、水电全改、管道砌、全屋地面保护、全屋竣工保洁
卧室	基础施工	地板及其铺贴、墙顶面乳胶漆及其涂刷
	成品安装	室内门及门套、门控五金、开关面板、顶角线、窗台板及其安装、USB插座

施工位置	施工项目	施工内容
阳台	基础施工	地砖、墙顶面乳胶漆
	成品安装	吸顶灯、洗衣机龙头、洗衣机地漏、开关/水电路
卫生间	基础施工	墙砖、地砖、卫生间玻璃门、门控五金、开关/水电路、过门石及其安装、防水、集成吊顶
	成品安装	坐便器/蹲便器、花洒、龙头、浴室柜、卫浴五金、转角篮、淋浴房、防臭地漏、集成照明
厨房	基础施工	墙砖、地砖、厨房移门、门控五金、开关/水电路、过门石及其安装、集成吊顶
	成品安装	橱柜、烟机、水槽/龙头、灶具、碗碟拉篮、平碗拉篮、美成照明、石英石台面

业务资源四:2017 年度业务量

2017 年度业务量明细表

编制部门:财务资产部   单位:栋、套

大类	小类	全年小计	一季度	占全年销售比重	二季度	占全年销售比重	三季度	占全年销售比重	四季度	占全年销售比重
别墅	尊享独栋别墅	28	3	10.71%	9	32.14%	6	21.43%	10	35.71%
	品质独栋别墅	36	3	8.33%	13	36.11%	9	25.00%	11	30.56%
	舒适独栋别墅	44	6	13.64%	12	27.27%	13	29.55%	13	29.55%
	小计	108	12	11.11%	34	31.48%	28	25.93%	34	31.48%
普通住宅	尊享天伦家居	48	5	10.42%	14	29.17%	12	25.00%	17	35.42%
	品质成功家居	49	6	12.24%	16	32.65%	11	22.45%	16	32.65%
	舒适温馨家居	80	11	13.75%	22	27.50%	29	23.75%	28	35.00%
	小计	177	22	12.43%	52	29.38%	42	23.73%	61	34.46%
	合计	285	34	11.93%	86	30.18%	70	24.56%	95	33.33%

编制时间:2018 年 1 月 25 日   制表人:×××   复核人:×××

业务资源五:2017 年度营业收入

2017 年度营业收入明细表

大类	小类	平均面积(平方米)	平均单价(元/平方米)	销售收入(元)	户均金额[万元/(栋·套)]	装修数量(栋、套)	装修总面积(平方米)	销量占比	一季度收入(元)	二季度收入(元)	三季度收入(元)	四季度收入(元)
别墅	尊享独栋别墅	425	1 328.00	15 803 200.00	564 400.00	25	11 900	26%	1 692 200.00	5 079 600.00	3 385,400.00	5 644 000.00
	品质独栋别墅	275	1 083.00	10 721 700.00	297 825.00	36	9 900	23%	892 475.00	3 871 725.00	2 680,425.00	3 276 075.00
	舒适独栋别墅	165	1 083.00	7 862 580.00	178 695.00	44	7 260	41%	1 072 170.00	2 144 340.00	2 323,035.00	2 323 035.00
	小计	—	—	34 387 480.00	—	105	29 060	38%	3 655 845.00	11 095 665.00	8 389 860.00	11 243 110.00
普通住宅	尊享天伦家居	130	910.00	5 678 400.00	118 300.00	48	6 240	27%	591 500.00	1 656 200.00	1 419 600.00	2 011 100.00
	品质成功家居	90	787.00	3 470 800.00	70 830.00	49	4 410	28%	424 980.00	1 133 280.00	779 130.00	1 123 280.00
	舒适温馨家居	70	723.00	4 048 800.00	80 610.00	80	5 600	45%	556 710.00	1 133 420.00	961 590.00	1 417 080.00
	小计	—	—		—	177	16 250	62%	1 572 190.00	3 902 900.00	3 160 320.00	4 561 460.00
合计		—	—		—	285		100%	5 232 035.00	14 995 565.00	11 550 180.00	15 804 570.00

编制时间:2018 年 1 月 25 日

制表人:×××　复核人:×××

业务资源六:2018年度业务量

编制部门:财务资产部

2018年业务量明细

单位:栋、套

大类	小类	全年小计	一季度实际	占全年销售比重	二季度实际	占全年销售比重	三季度实际	占全年销售比重	四季度实际	占全年销售比重
别墅	尊享独栋别墅	29	4	13.79%	8	27.59%	7	0.2414	10	34.48%
	品质独栋别墅	34	3	8.82%	12	35.29%	9	26.47%	10	29.41%
	舒适独栋别墅	44	8	18.18%	13	29.55%	11	25.00%	12	27.27%
	小计	107	15	14.02%	33	30.84%	27	25.23%	32	29.91%
普通住宅	尊享天伦家居	54	5	9.26%	16	29.63%	15	27.78%	18	33.33%
	品质成功家居	58	7	12.07%	17	29.31%	17	29.31%	17	29.31%
	舒适温馨家居	89	12	13.48%	25	28.09%	22	24.72%	30	33.71%
	小计	201	24	11.94%	58	28.86%	54	26.87%	65	32.34%
合计		308	39	12.66%	91	29.55%	81	26.30%	97	31.49%

编制时间:2019年1月25日

制表人:×××　复核人:×××

业务资源七:2018 年营业收入

编制部门:财务资产部

2018 年度营业收入明细表

单位:元

大类	小类	平均面积(平方米)	平均单价(元/平方米)	销售收入(元)	户均面积[元/(栋·套)]	装修数量(栋·套)	装修总面积(平方米)	销售占比	一季度实际收入(元)	二季度实际收入(元)	三季度实际收入(元)	四季度实际收入(元)
别墅	尊享独栋别墅	425	1 378.46	16 989 368.80	385 847.20	29	12 325	27%	2 343 368.80	4 656 777.60	4 100 920.40	5 858 472.00
	品质独栋别墅	275	1 124.15	10 510 839.90	309 142.35	34	9 350	32%	927 427.05	3 709 705.20	2 782 281.15	3 091 423.30
	舒适独栋别墅	165	1 124.15	5 161 358.04	185 485.41	44	7 260	41%	1 482 883.28	2 411 310.32	2 040 339.51	2 225 824.92
	小计			35 661 766.74		107	2 8935	35%	4 754 699.13	10 807 796.13	5 923 551.06	11 175 720.42
普通住宅	尊享天伦家居	425	964.60	6 771 492.00	125 398.00	34	7 020	27%	626 990.00	2 006 268.00	1 880 970.00	2 257 164.00
	品质成功家居	275	924.22	4 354 628.40	75 079.80	50	5 220	29%	325 558.60	1 276 356.60	1 276 356.60	1 276 356.60
	舒适温馨家居	165	766.38	4 774 547.40	52 846.60	89	6 230	44%	642 789.20	1 341 165.00	1 180 225.20	1 609 395.00
	小计			15 900 667.80		201	18 470	65%	1 796 307.80	4 623 889.60	4 337 551.80	5 142 918.60
合计				51 562 434.54		308		100%	6 551 006.93	15 431 685.72	13 261 102.86	16 315 639.02

编制时间:2019 年 1 月 25 日

制表人:×××　复核人:×××

岗位管理 实训二 营运管理

321

业务资源八：销售费用预算编制说明

一、销售费用预算的总体目标

2019 年要继续强化全员成本目标管理，严格压缩非生产性支出，有效控制变动费用增幅，逐步消化固定性费用增长，总成本费用增幅要与有效销量增幅保持匹配。

二、销售费用预算的编制要求

（一）总体要求

（1）2019 年销售费用实行总额控制，预算总额度为 3 500 000.00 元。

（2）销售费用预算项目下除广告费和业务招待费外，其他费用项目均无法进行压缩调整。

（3）根据历史资料对业务招待费和广告费进行成本效益分析，得出如下结论：广告费投入成本 1 元，可获收益 10 元；业务招待费投入成本 1 元，可获收益 4 元。

（4）广告费和业务招待费各季度分配遵循如下方式：某季度广告费预算＝全年广告费预算×该季度广告投放计划金额/全年广告投放计划金额。某季度业务招待费预算＝全年业务招待费预算×该季度营业收入/全年营业收入。

（5）公司严格按上述预算标准执行费用报销审批，杜绝无预算、超预算项目发生，上述未列明的费用项目原则上不得发生，相关费用确需发生须单独报批处理。费用项目超预算时，经过公司审批程序可以进行相应调整。

（二）具体要求

1. 差旅费

差旅费随销售收入变化而变化，预测销售部门差旅费约为销售收入的 1‰。

2. 促销费

促销费为销售推广过程中产生的费用，预计 2019 年占销售收入 2.6%。

3. 投标费

投标费约占收入的 0.6%。

4. 业务招待费

业务招待费约占销售收入的 0.8%，如总额不够可调整。

5. 广告费

广告费预算详见《2019 年广告投放计划》，如总额不够可调整。

6. 办公费

按照每人每月 1 000 元标准。

7. 人工成本

销售费用人工成本参见《预计 2019 年工资明细表》，4 个季度人工成本平均分配。

8. 折旧及摊销

销售部门无公司固定资产,个人电脑、车辆等均已折算计入个人工资。

9. 其他

无。

业务资源九:2019 年广告投放计划

2019 年广告投放计划明细表

编制部门:销售运营部

序号	广告项目	广告期间	广告费支付方式	备注	广告金额(元)
1	广告牌匾	2019 年 1—12 月	广告期间内每月 20 日支付	6 000 元/块/年,共计 20 块	120 000.00
2	山西交通广播电视台	2019 年 1—12 月	广告期间内每月 20 日支付	15 000 元/月（每天播放 4 次,每次 20 元）	180 000.00
3	微信、微博自媒	2019 年 1—12 月	广告期间内每月 20 日支付	每月 12 000 元	144 000.00
4	小区电梯广告	2019 年 1—12 月	广告期间内每月 20 日支付	400 元/单元,预计投放 600 个单元	240 000.00
5	小区灯箱广告	2019 年 1—12 月	广告期间内每月 20 日支付	550 元/个,预计投入 400 个灯箱	220 000.00

编制时间:2019 年 1 月 10 日　　　　　　　　制表人:×××　　复核人:×××

业务资源十:预计 2019 年工资明细表

预计 2019 年工资明细表

编制部门:人力行政部　　　　　　　　　　　　　　　　　　　　　　单位:元

员工编码	部门	岗位	基础工资	基础年薪	奖金系数（月基础工资倍数）	奖金	年度人工成本
1	经理办公会	总经理	25 000.00	300 000.00	5	125 000.00	425 000.00
2		副总经理	19 000.00	228 000.00	5	95 000.00	323 000.00
3		总经理助理	14 000.00	168 000.00	5	70 000.00	235 000.00
	合计		55 000.00	696 000.00		290 000.00	986 000.00
4	人力行政部	人力行政总监	11 000.00	132 000.00	3	33 000.00	165 000.00
5		招聘与薪酬主管	8 000.00	96 000.00	2	16 000.00	112 000.00
6		人力资源专员	6 000.00	72 000.00	2	12 000.00	84 000.00
7		人为资源专员	6 000.00	72 000.00	2	12 000.00	84 000.00

员工编码	部门	岗位	基础工资	基础年薪	奖金系数（月基础工资倍数）	奖金	年度人工成本
	合计		31 000.00	372 000.00		73 000.00	445 000.00
8	财务部	财务总监	12 000.00	144 000.00	3	36 000.00	150 000.00
9		出纳	5 000.00	60 000.00	2	100 000.00	70 000.00
10		资金管理岗	6 000.00	72 000.00	2	12 000.00	84 000.00
11		成本管理岗	6 000.00	72 000.00	2	12 000.00	84 000.00
12		营运管理岗	6 000.00	72 000.00	2	12 000.00	84 000.00
13		绩效管理岗	6 000.00	72 000.00	2	12 000.00	84 000.00
	合计		41 000.00	492 000.00		94 000.00	556 000.00
14	营销部	营销总监	15 000.00	150 000.00	6	90 000.00	270 000.00
15		营销专员	6 500.00	78 000.00	4	26 000.00	104 000.00
16		营销专员	6 500.00	78 000.00	4	26 000.00	104 000.00
17		市场专员	8 000.00	96000.00	4	32 000.00	125 000.00
	合计		36 000.00	432 000.00		174 000.00	606 000.00
18	采购部	采购部总监	11 000.00	132 000.00	3	33 000.00	165 000.00
19		采购专员	6 000.00	72 000.00	2	12 000.00	84 000.00
20		采购专员	6 000.00	72 000.00	2	12 000.00	84 000.00
21		采购专员	6 000.00	72 000.00	2	12 000.00	84 000.00
22		采购专员	6 000.00	72 000.00	2	12 000.00	84 000.00
	合计		35 000.00	120 000.00		81 000.00	501 000.00
23	设计部	设计总监	45 000.00	540.000.00	2	90 000.00	630 000.00
24		一级设计师	20.000.00	240 000.00	2	40 000.00	280 000.00
25		一级设计师	20 000.00	240 000.00	2	40 000.00	250 000.00
26		二级设计师	15 000.00	150 000.00	2	30 000.00	210 000.00
27		二级设计师	15 000.00	150 000.00	2	30 000.00	210 000.00
28		三级设计师	12 000.00	144 000.00	2	24 000.00	165 000.00
	合计		127 000.00	1 524 000.00		254 000.00	1 775 000.00

员工编码	部门	岗位	基础工资	基础年薪	奖金系数（月基础工资倍数）	奖金	年度人工成本
29	施工部	一级监理	15 000.00	150 000.00	3	45 000.00	225 000.00
30		二级监理	12 000.00	144 000.00	2	24 000.00	165 000.00
31		二级监理	10 000.00	120 000.00	2	20 000.00	140 000.00
32		三级监理	5 000.00	96 000.00	2	16 000.00	112 000.00
33		三级监理	5 000.00	96 000.00	2	16 000.00	112 000.00
34		三级监理	5 000.00	96 000.00	2	16 000.00	112 000.00
合计			61 000.00	732 000.00		137 000.00	569 000.00
35	仓储部	仓储部经理	7 000.00	84 000.00	2	14 000.00	95 000.00
36		仓管员	5 000.00	60 000.00	1	5 000.00	65 000.00
37		仓管员	5 000.00	60 000.00	1	5 000.00	65 000.00
合计			17 000.00	204 000.00		24 000.00	225 000.00
总计			406 000.00	4 872 000.00		1 127 000.00	5 999 000.00

编制时间：2019 年 1 月 10 日　　　　　　　　　　　制表人：×××　复核人：×××

业务资源十一：管理费用预算编制说明

一、管理费用预算的总体目标

2019 年要继续强化全员成本目标管理，严格控制非生产性支出，有效控制变动费用增幅，稳定并控制固定性费用增长，总成本费用增幅要与有效销量增幅保持匹配。

二、管理费用预算的编制要求

（一）总体要求

（1）2019 年管理费用预算不设预算总额，但逐项严格控制预算支出。

（2）2019 年管理费用参照 2018 年费用发生情况，结合 2019 年业务实际情况进行编制。

（3）管理费用归集的部门包括总经理办公会、人力行政部、财务资产部，上述部门预计 2019 年编制保持不变。

（4）公司严格按上述预算标准执行费用报销审批，杜绝无预算、超预算项目发生，上述未列明的费用项目原则上不得发生，相关费用确需发生须单独报批处理。费用项目超预算时，经过公司审批程序可以进行相应调整。

实训二　营运管理岗

(二)具体要求

1.业务招待费

业务招待费约占销售收入的1%。

2.差旅费

差旅费约占销售收入的0.7%。

3.租赁费

租赁费见租赁合同签订明细。

4.办公费

办公费标准每人每月1 000元。

5.人工成本

人工成本见《预计2019年工资明细表》。

6.折旧及摊销

折旧摊销见《固定资产明细表》。

7.其他

公司预计在第四季度举办年会(管理费用－其他),预计花费金额为257 829.82元。

业务资源十二:租赁合同签订明细

2019年租赁合同签订明细表

编制单位:人力行政部

预算归口部门	单位名称	办公楼租赁情况		车辆租赁	
		面积(平方米)	单位(元/平方米/月)	数量(辆)	租赁单价(元/辆/年)
人力行政部	总部机关	200	125	1	100 000.00

编制:×××   复核:×××

业务资源十四:固定资产明细表

2019年折旧摊销预计表

单位:元

项目	第一季度	第二季度	第三季度	第四季度	第五季度
管理费用—折旧	19 092.90	19 092.90	19 092.90	19 092.90	76 371.60
管理费用—摊销	—	—	—	—29 550.00	29 550.00
营业成本—折旧	40 698.90	40 698.90	40 698.90	70 248.92	192 345.62
营业成本—摊销	—	—	—	—	—
合计	59 791.80	59 791.80	59 791.80	118 891.82	298 267.22

业务资源十五：费用报销单

费用报销单

第1页/共1页

单据编号：	EG1006420161014	单据日期：	2019/3/26	部门名称：	销售运营部
费用承担部门：	销售运营部	预算项目：	业务招待费	报销人员：	×××
手机：	1398768××××	办公电话：	0351-998××××	邮箱：	1398768×××@126.com
合计金额：	1666.00	大写金额：	壹仟陆佰陆拾陆元整	收支项目：	业务招待费

费用类型	招待时间	客户名称	招待人数	事由	报销金额
业务招待费	2019/3/18	××房地产开发有限公司	5	×××小区装修合同签订	1,666.00

| 录入人：××× | | 审核人：××× | 打印人：××× | |
| 单位： | ××××××装饰有限公司 | | 打印日期： | 2019/3/26 |

业务资源十六：发票

业务资源十七：变动费用弹性预算编制说明

　　根据营销部门综合已签订的装修订单、市场行情、政府调控力度等方面的信息统计，2019年度任务销售达成预期悲观及乐观幅度的弹性区间如下。

销售收入弹性区间预测表

编制部门:销售运营部

序号	项目	销售收入	
		悲观	乐观
1	别墅(栋)		
2	尊享独栋别墅	−8.00%	−2.00%
3	品质独栋别墅	−6.00%	−1.00%
4	舒适独栋别墅	−6.00%	−1.00%
5	小计		
6	普通住宅(套)		
7	尊享天伦家居	−5.00%	−1.00%
8	品质成功家居	8.00%	15.00%
9	舒适温馨家居	10.00%	20.00%
10	小计		
11	合计		

编制时间:2019 年 1 月 19 日　　　　　　　　制表人:×××　　复核人:×××

岗位任务

知识要点思维导图:

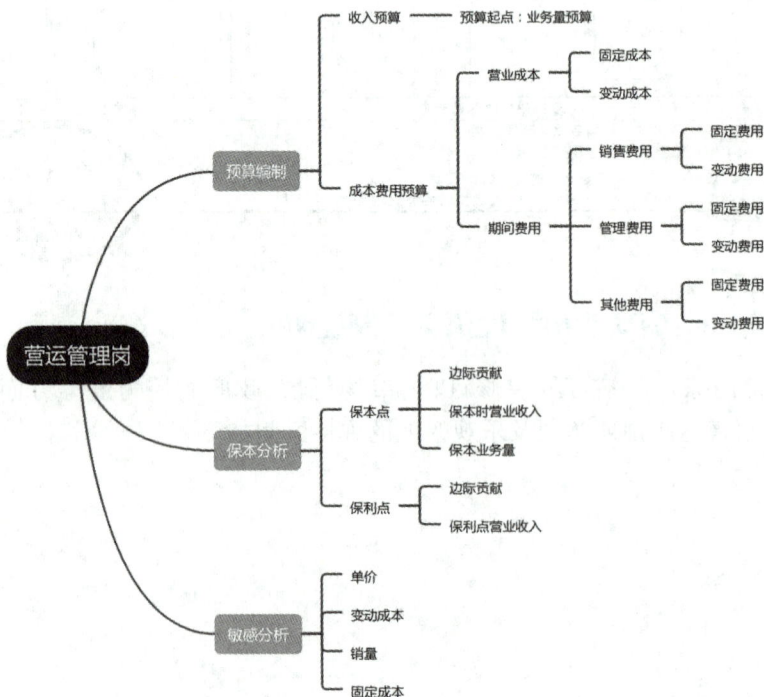

任务一

任务描述：根据企业介绍中公共资源及本岗位资源，补充完整 2018 年预计各季度销售量占比明细表（计算结果以四舍五入保留两位小数的百分数填列，如 1.00%）。

2018 年预计各季度销售量占比明细表

编制部门：　　　　　　　　　　　　　　　　　　　　　　　　　单位：栋、套

类型	品种	全年小计	一季度	占全年销售比重	二季度	占全年销售比重	三季度	占全年销售比重	四季度	占全年销售比重
别墅	尊享独栋别墅	28	3		9		6		10	
	品质独栋别墅	34	3		12		9		10	
	舒适独栋别墅	41	6		11		12		12	
	小计	103	12		32		27		32	
普通住宅	尊享天伦家居	51	5		15		13		18	
	品质成功家居	52	6		17		12		17	
	舒适温馨家居	87	12		24		21		30	
	小计	190	23		56		46		65	
合计		293	35		88		73		97	

制表人：×××　　　　　　　　　　　　　　　　　　　复核人：×××

答案详解：占全年销售量的比重 = 各房屋类型季度销售量/对应该房屋类型的全年销售总量。

例如，"尊享独栋别墅——一季度"对应的"占全年销售比重" = 3/28 = 10.71%，其余计算同。

2018 年预计各季度销售量占比明细表

编制部门：　　　　　　　　　　　　　　　　　　　　　　　　　单位：栋、套

类型	品种	全年小计	一季度	占全年销售比重	二季度	占全年销售比重	三季度	占全年销售比重	四季度	占全年销售比重
别墅	尊享独栋别墅	28	3	10.71%	9	32.14%	6	21.43%	10	35.71%
	品质独栋别墅	34	3	8.82%	12	35.29%	9	26.47%	10	29.41%
	舒适独栋别墅	41	6	14.63%	11	26.83%	12	29.27%	12	29.27%
	小计	103	12	11.65%	32	31.07%	27	26.21%	32	31.07%

实训二　营运管理岗

续表

类型	品种	全年小计	一季度	占全年销售比重	二季度	占全年销售比重	三季度	占全年销售比重	四季度	占全年销售比重
普通住宅	尊享天伦家居	51	5	9.80%	15	29.41%	13	25.49%	18	35.29%
	品质成功家居	52	6	11.54%	17	32.69%	12	23.08%	17	32.69%
	舒适温馨家居	87	12	13.79%	24	27.59%	21	24.14%	30	34.48%
	小计	190	23	12.11%	56	29.47%	46	24.21%	65	34.21%
合计		293	35	11.95%	88	30.03%	73	24.91%	97	33.11%

制表人：×××　　　　　　　　　　　　　　　　　　　复核人：×××

任务二

任务描述：根据企业介绍中公共资源及本岗位资源，完成2019年业务量预测表，占全年销售比重以%填制，计算结果四舍五入保留两位小数的百分数填列，如3.50%，业务量结果四舍五入取整填列。

2019年业务量预测表

编制单位：　　　　　　　　　　　　　　　　　　　　　　单位：栋、套

类型	品种	全年小计	一季度	占全年销售比重	二季度	占全年销售比重	三季度	占全年销售比重	四季度	占全年销售比重
别墅	尊享独栋别墅									
	品质独栋别墅									
	舒适独栋别墅									
	小计									
普通住宅	尊享天伦家居									
	品质成功家居									
	舒适温馨家居									
	小计									

制表人：×××　　　　　　　　　　　　　　　　　　　复核人：×××

答案详解：基础数据来源于"业务资源一：收入预算编制说明""业务资源六：2018年度业务量"、"任务一2018年预计各季度销售量占比明细表"。

根据"业务资源一：收入预算编制说明"中"(2)2019年因政府改善政策性住房导致装修总量发生变化，其中：舒适独栋别墅增加9%，品质独栋下降8%，尊享独栋下降5%，尊享天伦家居增加7%，品质成功家居增加6%，舒适温馨家居增加14%。"及"业务资源六：2018年度业务量"数据，可以算出2019年各类型住房全年度业务总量预测值，具体计算结果见"2019年全年业务量预测值表"。

2019 年全年业务量预测值表

类型	品种	2018 年全年实际值	增减比率	2019 年全年预测值
别墅	尊享独栋别墅	29	0.95	28
	品质独栋别墅	34	0.92	31
	舒适独栋别墅	44	1.09	48
	小计	107		107
普通住宅	尊享天伦家居	54	1.07	58
	品质成功家居	58	1.06	61
	舒适温馨家居	89	1.14	101
	小计	201		221
合计		308		328

制表人：×××   复核人：×××

又根据"(3)根据历史经验，销售量各季度占全年比例基本保持稳定，预计 2019 年各季度销售量占比与 2018 年预计各季度销售量占比相同"，可利用"任务一　2018 年预计各季度销售量占比明细表"算出的占比数据表示 2019 年数据，从而计算出各季度各类型住房业务量数据。

例如，"尊享独栋别墅——一季度"栏数据 = 28 ×10.71% = 3，其余计算同。

2019 年业务量预测表

编制单位：   单位:栋、套

类型	品种	全年小计	一季度	占全年销售比重	二季度	占全年销售比重	三季度	占全年销售比重	四季度	占全年销售比重
别墅	尊享独栋别墅	28	3	10.71%	9	32.14%	6	21.43%	10	35.71%
	品质独栋别墅	31	3	8.82%	11	35.29%	8	26.47%	9	29.41%
	舒适独栋别墅	48	7	14.63%	13	26.83%	14	29.27%	14	29.27%
	小计	107	13	11.65%	33	31.07%	28	26.21%	33	31.07%
普通住宅	尊享天伦家居	58	6	9.80%	17	29.41%	15	25.49%	20	35.29%
	品质成功家居	61	7	11.54%	20	32.69%	14	23.08%	20	32.69%
	舒适温馨家居	101	14	13.79%	28	27.59%	24	24.14%	35	34.48%
	小计	221	27	12.11%	65	29.47%	53	24.21%	75	34.21%

制表人：×××   复核人：×××

任务三

任务描述：根据企业介绍中公共资源及本岗位资源，完成 2019 年营业收入预算表。以完整小数位数引用计算，销量占比以％填制，计算结果四舍五入保留两位小数的百分数填列，如 3.50%。业务量以四舍五入整数填列，其余结果四舍五入保留两位小数填列。

2019 年营业收入预算表

编制部门：

类型	品种	平均面积 (m²)	平均单价 (元/m²)	销售收入 (万元)	户均金额 万元/套 (栋)	装修数量 套 (栋)	装修总面积 (m²)	销量占比	一季度收入 (万元)	二季度收入 (万元)	三季度收入 (万元)	四季度收入 (万元)
别墅	尊享独栋别墅	425										
	品质独栋别墅	275										
	舒适独栋别墅	165										
	小计	—	—		—		—					
普通住宅	尊享天伦家居	130										
	品质成功家居	90										
	舒适温馨家居	70										
	小计	—	—		—	—	—					
合计		—	—		—	—	—					

编制人：×××　　　　　　　　　　　　　　　　　　　　　　　　　　　　复核人：×××

答案详解:基础数据来源于"业务资源一:收入预算编制说明""业务资源七:2018年度营业收入明细表"及"任务二 2019年业务量预测表"。

根据"业务资源一:收入预算编制说明"中"(1)由于人工成本大幅上涨,别墅平均单价2019年较2018年每平方米上涨6%,普通住宅每平方米上涨8%。"及"业务资源七:2018年度营业收入明细表"中给出的2018年度实际各类型住房平均单价,可算出2019年预算平均单价,具体如下。

大类	小类	2018年平均单价(元/平方米)	增减比率	2019年预算平均单价(元/平方米)
别墅	尊享独栋别墅	1 378.46	1.06	1 461.17
	品质独栋别墅	1 124.15	1.06	1 191.60
	舒适独栋别墅	1 124.15	1.06	1 191.60
普通住宅	尊享天伦家居	964.60	1.08	1 041.77
	品质成功家居	924.22	1.08	900.96
	舒适温馨家居	766.38	1.08	827.69

"装修数量"栏数据来源于"任务二 2019年业务量预测表"中"全年小计"栏数据。

"装修总面积"栏数据 ="平均面积"×"装修数量"。

"销售收入"栏数据 ="平均单价"×"装修总面积"/10 000(平均单价单位是元,要换算成万元填列)。

"户均金额"栏数据 ="销售收入"/"装修数量"。

"销量占比"栏数据(计算的是装修数量占比) =各类型住房"装修数量"/"合计 - 装修数量"。例如,"尊享独栋别墅 - 销量占比"=28/328 =8.41%,其余计算同。

"各季度销售收入"栏数据 =各类型住房"销售收入"×"任务二 2019年业务量预测表"中各季度对应的"占全年销售比重"。例如,"尊享独栋别墅——一季度收入"="尊享独栋别墅——销售收入"数据 1 710.84×10.71% =183.30,其余计算同。

2019 年营业收入预算表

编制部门：

类型	品种	平均面积 (m²)	平均单价 (元/m²)	销售收入 (万元)	户均金额 (万元/套(栋))	装修数量 (套(栋))	装修总面积 (m²)	销量占比	一季度收入 (万元)	二季度收入 (万元)	三季度收入 (万元)	四季度收入 (万元)
别墅	尊享独栋别墅	425	1461.17	1 710.84	62.10	28	11 708.75	8.41%	183.30	549.91	366.61	611.02
	品质独栋别墅	275	1191.60	1 025.01	32.77	31	8 602.00	9.55%	90.44	361.77	271.33	301.47
	舒适独栋别墅	165	1191.60	942.96	19.66	48	7 913.40	14.64%	137.99	252.99	275.99	275.99
	小计	—	—	3 678.82	—	107	—	32.61%	411.74	1 164.67	913.92	1 188.48
普通住宅	尊享天伦家居	130	1041.77	782.51	13.54	58	7 511.40	17.64%	76.72	230.15	199.46	276.18
	品质成功家居	90	900.96	498.52	8.11	61	5 533.20	18.77%	57.52	162.98	115.04	162.98
	舒适温馨家居	70	827.69	587.84	5.79	101	7 102.20	30.98%	81.08	162.16	141.89	202.70
	小计	—	—	1 868.87	—	221	—	67.39%	215.32	555.29	456.40	641.86
合计		—	—	5 547.69	—	328	—	100.00%	627.06	1 719.96	1 370.32	1 830.34

编制人：×××　　复核人：×××

任务四

任务描述： 根据企业介绍中公共资源及本岗位资源，完成2017—2019年业务量汇总分析表，以完整小数位数引用计算，结果业务量四舍五入取整填列，占比以%填制，计算结果四舍五入保留两位小数的百分数填列，如3.50%，其他以四舍五入保留两位小数填列。

2017—2019 年业务量汇总分析表

编制部门：　　　　　　　　　　　　　　　　　　　　　　　　　　　　　　　　　　单位：栋、套

品种	2017 年	2018 年	2019 年预算					2019/2018 年差异	
	实际	实际	一季度	二季度	三季度	四季度	全年合计	数量	差异率
别墅（栋）	—	—	—	—	—	—	—	—	—
尊享独栋别墅									
品质独栋别墅									
舒适独栋别墅									
小计									
普通住宅（套）	—	—	—	—	—	—	—	—	—
尊享天伦家居									
品质成功家居									
舒适温馨家居									
小计									
合计									

答案详解： 2017 年业务量数据来源于"业务资源四：2017 年度业务量明细表"。

2018 年业务量数据来源于"业务资源六：2018 年度业务量明细"。

2019 年一～四季度及全年合计业务量数据来源于"任务二 2019 年业务量预测表"。

"2019/2018 年差异（数量）"栏数据＝各类型住宅"2019 年预算—全年合计"—"2018 年—实际"。例如，"尊享独栋别墅—2019/2018 年差异（数量）"＝28－29＝－1，其余计算同。

"2019/2018 年差异（差异率）"栏数据＝各类型住宅"2019/2018 年差异（数量）"/"2018 年—实际"。例如，"尊享独栋别墅—2019/2018 年差异（差异率）"＝－1/29＝－5.00%，其余计算同。

2017—2019 年业务量汇总分析表

编制部门：　　　　　　　　　　　　　　　　　　　　　　　　　　　　　　　　　　单位：栋、套

品种	2017 年	2018 年	2019 年预算					2019/2018 年差异	
	实际	实际	一季度	二季度	三季度	四季度	全年合计	数量	差异率
别墅（栋）	—	—	—	—	—	—	—	—	—
尊享独栋别墅	28	29	3	9	6	10	28	－1	－5.00%
品质独栋别墅	36	34	3	11	8	9	31	－3	－8.00%

品种	2017 年	2018 年	2019 年预算					2019/2018 年差异	
	实际	实际	一季度	二季度	三季度	四季度	全年合计	数量	差异率
舒适独栋别墅	44	44	7	13	14	14	48	4	9.00%
小计	108	107	13	33	28	33	107	−0	−0.20%
普通住宅(套)	—	—	—	—	—	—	—	—	—
尊享天伦家居	48	54	6	17	15	20	58	4	7.00%
品质成功家居	49	58	7	20	14	20	61	3	6.00%
舒适温馨家居	80	89	14	28	24	35	101	12	14.00%
小计	177	201	27	65	53	75	221	20	9.81%
合计	285	308	39	98	82	109	328	20	6.33%

任务五

任务描述:根据企业介绍中公共资源及本岗位资源,完成 2017—2019 年营业收入汇总分析表,以完整小数位数引用计算,结果业务量四舍五入取整填列,占比以%填制,计算结果四舍五入保留两位小数的百分数填列,如 3.50%,其他以四舍五入保留两位小数填列。

2017—2019 年营业收入汇总分析表

编制部门: 　　　　　　　　　　　　　　　　　　　　　　　　　单位:万元

品种	2017 年	2018 年	2019 年预算					2019/2018 年差异	
	实际	实际	一季度	二季度	三季度	四季度	全年合计	收入	差异率
别墅(栋)	—	—	—	—	—	—	—	—	—
尊享独栋别墅									
品质独栋别墅									
舒适独栋别墅									
小计									
普通住宅(套)	—	—	—	—	—	—	—	—	—
尊享天伦家居									
品质成功家居									
舒适温馨家居									
小计									
合计									

制表人:×××　　　　　　　　　　　　　　　　　　　　　　复核人:×××

答案详解:

2017 年营业收入数据来源于"业务资源五:2017 年度营业收入明细表"。

2018 年营业收入数据来源于"业务资源七:2018 年度营业收入明细表"。

2019 年一~四季度及全年合计营业数据来源于"任务三 2019 年营业收入预算表"。

"2019/2018 年差异(收入)"栏数据 = 各类型住宅"2019 年预算 – 全年合计" – "2018 年—实际"。例如,"尊享独栋别墅—2019/2018 年差异(收入)" = 1 710.84 – 1 698.96 = 11.89,其余计算同。

"2019/2018 年差异(差异率)"栏数据 = 各类型住宅"2019/2018 年差异(收入)" / "2018 年—实际"。例如,"尊享独栋别墅—2019/2018 年差异(差异率)" = 11.89/1 698.96 = 0.70%,其余计算同。

2017—2019 年营业收入汇总分析表

编制部门: 单位:万元

品种	2017 年	2018 年	2019 年预算					2019/2018 年差异	
	实际	实际	一季度	二季度	三季度	四季度	全年合计	收入	差异率
别墅(栋)	—	—	—	—	—	—	—	—	—
尊享独栋别墅	1 580.32	1 698.96	183.30	549.91	366.61	611.02	1 710.84	11.89	0.70%
品质独栋别墅	1 072.17	1 051.08	90.44	361.77	271.33	301.47	1 025.01	−26.07	−2.48%
舒适独栋别墅	786.26	816.14	137.99	252.99	275.99	275.99	942.96	126.82	15.54%
小计	3 438.75	3 566.18	411.74	1 164.67	913.92	1 188.48	3 678.82	112.64	3.16%
普通住宅(套)	—	—	—	—	—	—	—	—	—
尊享天伦家居	567.84	677.15	76.72	230.15	199.46	276.18	782.51	105.36	15.56%
品质成功家居	347.07	435.46	57.52	162.98	115.04	162.98	498.52	63.06	14.48%
舒适温馨家居	404.88	477.45	81.08	162.16	141.89	202.70	587.84	110.39	23.12%
小计	1 319.79	1 590.07	215.32	555.29	456.40	641.86	1 868.87	278.81	17.53%
合计	4 758.54	5 156.24	627.06	1 719.96	1 370.32	1 830.34	5 547.69	391.45	7.59%

制表人:×××   复核人:×××

任务六

任务描述:请根据企业介绍中公共资源及本岗位资源编制 2019 年度销售费用预算试算表(如无特殊说明,各季度费用按全年平均分配,以完整小数位数引用计算,结果以四舍五入保留两位小数填列)。

2019 年度销售费用预算试算表

编制部门：　　　　　　　　　　　　　　　　　　　　　　　　　　　　单位:万元

项目	占收入比	全年合计	一季度	二季度	三季度	四季度
销售收入	—					
变动费用						
差旅费						
促销费						
投标费						
固定费用	—					
业务招待费						
广告费	—					
办公费(1 000 元/人)	—					
人工成本						
折旧及摊销	—					
其他	—					
费用合计	—					

制表人:×××　　　　　　　　　　　　　　　　　　　　　　　　复核人:×××

注:此表在不考虑预算总额控制下,试算销售费用预算情况。

答案详解:数据来源于"业务资源八:销售预算编制说明""业务资源九:2019 年广告投放计划""业务资源十:预计 2019 年工资明细表"及"任务五 2017—2019 年营业收入汇总分析表"。

"销售收入"行数据来源于"任务五 2017—2019 年营业收入汇总分析表"中"合计—2019 年预算"行。

"变动费用"中"差旅费"计算依据"业务资源八:销售预算编制说明"中"(1)差旅费随销售收入变化而变化,预测销售部门差旅费约为销售收入的1‰"计算。例如:"差旅费一季度"栏数据 = "销售收入——一季度"×1‰ = 627.06 × 1‰ = 0.63,其余计算同。

"促销费"计算依据"(2)促销费为销售推广过程中产生的费用,预计 2019 年占销售收入 2.6%"计算。例如,"促销费——一季度"栏数据 = "销售收入——一季度"×2.6% = 627.06 ×2.6% = 16.30,其余计算同。

"投标费"计算依据"(3)投标费约占收入的 0.6%"计算。例如,"投标费一季度"栏数据 = "销售收入——一季度"×2.6% = 627.06 ×0.6% = 3.76,其余计算同。

"固定费用"中"业务招待费"计算依据"(4)业务招待费约占销售收入的 0.8%,如总额不够可调整"计算。例如,"业务招待费——一季度"栏数据 = "销售收入——一季度"×0.8% = 627.06 ×0.8% = 5.02,其余计算同。

"广告费"计算依据"2.5 广告费预算详见 2019 年广告投放计划,如总额不够可调整"和

"业务资源九：2019年广告投放计划"计算。例如，"广告费——一季度"栏数据=（120 000+180 000+144 000+240 000+220 000）/40 000=22.60，其余计算同。

"办公费"计算依据"（6）办公费按照每人每月1000元标准"计算。例如："办公费——一季度"栏数据=1000×12×4/40000（销售部门共4人）=1.20，其余计算同。

"人工成本"计算依据"（7）人工成本 销售费用人工成本参见《预计2019年工资明细表》，4个季度人工成本平均分配"和"业务资源十：预计2019年工资明细表"计算。例如，"人工成本——一季度"栏数据=60.6/4（销售部门共4人）=15.15，其余计算同。

"折旧及摊销"计算依据"（8）折旧及摊销 销售部门无公司固定资产，个人电脑、车辆等均已折算计入个人工资"填列。均为0。

"其他"数据为0。

2019年度销售费用预算试算表

编制部门：   单位：万元

项目	占收入比	全年合计	一季度	二季度	三季度	四季度
销售收入	—	5 547.69	627.06	1 719.96	1 370.32	1 830.34
变动费用	—	183.07	20.69	56.76	45.22	60.40
差旅费	0.10%	5.55	0.63	1.72	1.37	1.83
促销费	2.60%	144.24	16.30	44.72	35.63	47.59
投标费	0.60%	33.29	3.76	10.32	8.22	10.98
固定费用	—	200.18	43.97	52.71	49.91	53.59
业务招待费	0.80%	44.38	5.02	13.76	10.96	14.64
广告费	—	90.40	22.60	22.60	22.60	22.60
办公费（1 000元/人）	—	4.80	1.20	1.20	1.20	1.20
人工成本	—	60.60	15.15	15.15	15.15	15.15
折旧及摊销	—	0	0	0	0	0
其他	—	0	0	0	0	0
费用合计	—	383.26	64.66	109.47	95.13	113.99

制表人：×××   复核人：×××

注：此表在不考虑预算总额控制下，试算销售费用预算情况。

任务七

任务描述：请根据企业介绍中公共资源及本岗位资源编制2019年度销售费用预算表。（如无特殊说明各季度费用按全年平均分配，以完整小数位数引用计算，结果以四舍五入保留两位小数填列）。

2019 年度销售费用预算表

编辑部门：   单位:万元

项目	占收入比	全年合计	一季度	二季度	三季度	四季度
销售收入	—					
变动费用	—					
差旅费						
促销费						
投标费						
固定费用						
业务招待费						
广告费	—					
办公费						
人工成本						
折旧及摊销	—	—	—	—	—	—
其他	—	—	—	—	—	—
费用合计	—					

制表人:×××   复核人:×××

注:此表在考虑预算总额控制下实际销售费用预算;销售费用的人工成本以销售部门的费用为对象核算。

答案详解:数据来源于"业务资源八:销售预算编制说明""业务资源九:2019 年广告投放计划""业务资源十:预计 2019 年工资明细表"及"任务六 2019 年度销售费用预算试算表"。

"销售收入""变动费用""差旅费""促销费""投标费"数据同"任务六 2019 年度销售费用预算试算表"对应栏次数据。

"任务六 2019 年度销售费用预算试算表"在不考虑预算总额控制下计算出的全年销售总费用为 383.26 万元,根据"业务资源八:销售预算编制说明"中"一、总体要求(1) 2019 年销售费用实行总额控制,预算总额度为 3 500 000.00 元",费用超支,又根据"(2)销售费用预算项目下除广告费和业务招待费外,其他费用项目均无法进行压缩调整"的要求,超支部分需调整"业务招待费"和"广告费"两项。总超支额 =383.26 – 350 =33.26 万元,"业务招待费"和"广告费"需调减 33.26 万元。调减后两项合计 =44.38 +90.40 – 33.26 =101.53 万元。

根据"(3)根据历史资料对业务招待费和广告费进行成本效益分析,得出如下结论:广告费投入成本 1 元,可获收益 10 元;业务招待费投入成本 1 元,可获收益 4 元"的分配原则,"业务招待费"总额 =101.53/14 ×4 =29.01 万元,"广告费"总额 =101.53/14 ×10 =72.52 万元。

根据"(4)广告费和业务招待费各季度分配遵循如下方式。某季度广告费预算 = 全年广告费预算 × 该季度广告投放计划金额/全年广告投放计划金额。某季度业务招待费预算＝全年业务招待费预算×该季度营业收入/全年营业收入"的分配原则,"业务招待费"按照各季度收入占比分配,如"业务招待费——一季度"栏数据＝29.01×627.06/5,547.69＝3.28万元,其余计算同;"广告费"季度平均,金额＝72.52/4＝18.13万元。

经过调整后全年销售费用总合计为350万元。

2019 年度销售费用预算表

编辑部门：　　　　　　　　　　　　　　　　　　　　　　　　　单位：万元

项目	占收入比	全年合计	一季度	二季度	三季度	四季度
销售收入	—	5 547.69	627.06	1 719.96	1 370.32	1 830.34
变动费用	—	183.07	20.69	56.76	45.22	60.40
差旅费	0.10%	5.55	0.63	1.72	1.37	1.83
促销费	2.60%	144.24	16.30	44.72	35.63	47.59
投标费	0.60%	33.29	3.76	10.32	8.22	10.98
固定费用	—	166.93	37.76	43.47	41.64	44.05
业务招待费	0.80%	29.01	3.28	8.99	7.17	9.57
广告费	—	72.52	18.13	18.13	18.13	18.13
办公费	—	4.80	1.20	1.20	1.20	1.20
人工成本	—	60.60	15.15	15.15	15.15	15.15
折旧及摊销	—	—	—	—	—	—
其他	—	—	—	—	—	—
费用合计	—	350.00	58.45	100.23	86.87	104.45

制表人：×××　　　　　　　　　　　　　　　　　　　　　　　　复核人：×××

注：此表在考虑预算总额控制下实际销售费用预算;销售费用的人工成本以销售部门的费用为对象核算。

任务八

任务描述：请根据企业介绍中公共资源及本岗位资源编制 2019 年度管理费用预算(如无特殊说明各季度费用按全年平均分配,以完整小数位数引用计算,结果以四舍五入保留两位小数填列)。

2019 年度管理费用预算表

编制部门：　　　　　　　　　　　　　　　　　　　　　　　　　单位：万元

项目	占收入比重	全年合计	一季度	二季度	三季度	四季度
销售收入	—					
变动费用	—					
业务招待费						

续表

项目	占收入比重	全年合计	一季度	二季度	三季度	四季度
差旅费						
固定费用	—					
租赁费	—					
办公费(1 000 元/人)	—					
人工成本	—					
折旧、摊销	—					
其他	—			—	—	—
费用合计						
现金支出	—					

制表人:×××　　　　　　　　　　　　　　　　　　复核人:×××

答案详解:数据来源于"业务资源十:预计 2019 年工资明细表""业务资源十一:管理费用预算编制说明""业务资源十二:2019 年租赁合同签订明细表"及"业务资源十四:固定资产明细表2019 年折旧摊销预计表"。

"销售收入"行数据来源同"任务七　2019 年度销售费用预算表"。

"变动费用"中"业务招待费"计算依据"业务资源十一:管理费用预算编制说明"中"(1)业务招待费约占销售收入的1%"计算。例如,"业务招待费——一季度"栏数据 ="销售收入——一季度"×1% =627.06×1% =6.27,其余计算同。

"差旅费"计算依据"(2)差旅费约占销售收入的 0.7%"计算。例如,"差旅费——一季度"栏数据 ="销售收入——一季度"×1% =627.06×0.7% =4.39,其余计算同。

"固定费用"中"租赁费"计算依据"(3)租赁费见租赁合同签订明细"及"业务资源十二:2019 年租赁合同签订明细表"计算。例如,"租赁费——一季度"栏数据 =(125×200×12 +100 000)/40 000 =10.00,其余计算同。

"办公费"计算依据"(4)办公费标准每人每月 1 000 元"计算。例如:"办公费——一季度"栏数据 =13×1 000×12/10 000 =3.90(计入管理费用 13 人),其余计算同。

"人工成本"计算依据"(5)人工成本见《预计 2019 年工资明细表》"和"业务资源十:预计 2019 年工资明细表"计算。例如:"人工成本——一季度"栏数据 = =(986 000 +445 000 +586 000)/40 000 =50.43,其余计算同。

"折旧、摊销"计算依据"(6)折旧摊销见《固定资产明细表》"或(假设折旧摊销与 2018 年保持一致,从 U8 中查询 2018 年计入管理部门的折旧摊销费用)"填列。

"其他"填列依据"(7)其他 公司预计在第四季度举办年会(管理费用 – 其他),预计花费金额为 257 829.82 元"。

"现金"栏数据 ="费用合计" –"折旧、摊销"。

<h2 style="text-align:center">2019 年度管理费用预算表</h2>

编制部门：　　　　　　　　　　　　　　　　　　　　　　　　　　单位:万元

项目	占收入比重	全年合计	一季度	二季度	三季度	四季度
销售收入	—	5 547.69	627.06	1 719.96	1 370.32	1 830.34
变动费用		94.31	10.66	29.24	23.30	31.12
业务招待费	1.00%	55.48	6.27	17.20	13.70	18.30
差旅费	0.70%	38.83	4.39	12.04	9.59	12.81
固定费用	—	293.68	66.23	66.23	66.23	94.97
租赁费	—	40.00	10.00	10.00	10.00	10.00
办公费(1000 元/人)	—	15.60	3.90	3.90	3.90	3.90
人工成本	—	201.70	50.43	50.43	50.43	50.43
折旧、摊销	—	10.59	1.91	1.91	1.91	4.86
其他	—	25.78	—	—	—	25.78
费用合计	—	387.99	76.89	95.47	89.53	126.09
现金支出	—	377.39	74.99	93.56	87.62	121.22

制表人：×××　　　　　　　　　　　　　　　　　　　　　复核人：×××

任务九

任务描述:(1)一季度预算按照任务七计算出的招待费(以完整小数位数引用计算)。
(2)销售运营部员工在进行招待费报销时(事项及金额见报销单和发票),发现本季度业务
招待费预算已经完全使用完毕,因而需要进行预算追加调整申请。(3)按照本次报销金额进
行预算追加调整,完成预算调整审批表,单位为元,计算结果四舍五入保留两位小数填制。

<h3 style="text-align:center">预算调整审批表</h3>

项目名称及编号	业务招待费预算调整			
项目类别	日常经费		专项	
申请部门	销售运营部		申请时间	2019 年 3 月 27 日
联系人	×××		联系电话	1398768×××
申请类别	未列入年初预算的较大项目(　)			追加预算(　)
	年初预算遗漏的较大项目(　)			
申请理由	额外与××地产签订了一份批量装修合同,业务招待费有较大幅度增长			

项目名称及编号	业务招待费预算调整	
本季度招待费预算总额度		元
本季度招待费预算已使用金额		元
本季度招待费预算调整金额		元
申请部门领导意见	同意 ×××　2019 年 3 月 27 日	
总经理意见	同意 ×××　2019 年 3 月 28 日	

答案详解：数据来源于"任务七 2019 年度销售费用预算表"及"业务资源十六：发票"。

"本季度招待费预算总额度"数据来源于"任务七 2019 年度销售费用预算表"，为 3.28 万元。

"本季度招待费预算已使用金额"根据题目条件"本季度业务招待费预算已经完全使用完毕"，金额等于"本季度招待费预算总额度"3.28 万元。

"本季度招待费预算调整金额"数据来源于"业务资源十六：发票"，金额为 1 666 元。

<h3 style="text-align:center">预算调整审批表</h3>

项目名称及编号	业务招待费预算调整			
项目类别	日常经费	√	专项	
申请部门	销售运营部		申请时间	2019 年 3 月 27 日
联系人	×××		联系电话	1398768××××
申请类别	未列入年初预算的较大项目（　）		追加预算（√）	
	年初预算遗漏的较大项目　（　）			
申请理由	额外与××地产签订了一份批量装修合同，业务招待费有较大幅度增长			
本季度招待费预算总额度	32 800.00		元	
本季度招待费预算已使用金额	32 800.00		元	
本季度招待费预算调整金额	1666		元	
申请部门领导意见	同意 ×××　2019 年 3 月 27 日			
总经理意见	同意 ×××　2019 年 3 月 28 日			

任务十

任务描述:请根据企业介绍中公共资源及本岗位资源,结合本岗位已完成的任务,编制2019 年变动期间费用弹性预算表,以完整小数位数引用计算。占比以%填列,计算结果四舍五入保留两位小数的百分数填列,如 3.50%。其中,变动费用各产品之间占比与销售收入各产品之间占比相同,其余结果以四舍五入保留两位小数填列。

2019 年变动期间费用弹性预算表

编制部门: 单位:万元

项目	销售收入				变动费用		
	全年合计	各产品占比	悲观	乐观	基数	悲观	乐观
别墅(栋)	—	—	—	—	—	—	—
尊享独栋别墅							
品质独栋别墅							
舒适独栋别墅							
小计							
普通住宅(套)	—	—	—	—	—	—	—
尊享天伦家居							
品质成功家居							
舒适温馨家居							
小计							
合计							

制单人:×××   复核人:×××

答案详解:数据来源于"任务五 2017—2019 年营业收入汇总分析表""任务七 2019年度销售费用预算表""任务八 2019 年度管理费用预算表""业务资源十七:变动费用弹性预算编制说明"。

各类型住宅"销售收入—全年合计"数据来源于"任务五 2017—2019 年营业收入汇总分析表"中"2019 年预算—全年合计"列数据。

各类型住宅"销售收入—各产品占比"= 各类型住宅"销售收入—全年合计"/"销售收入全年合计—合计"。例如,"尊享独栋别墅 – 销售收入—各产品占比"= 1 710.84/5 547.69 =30.84%,其余计算同。

"销售收入—悲观"= 各类型住宅"销售收入—全年合计"× 对应的悲观幅度。例如,"尊享独栋别墅 – 销售收入悲观"= 1 710.84 ×(1 – 8.00%)= 1 573.98,其余计算同。

"销售收入—乐观"= 各类型住宅"销售收入—全年合计"× 对应的乐观幅度。例如,"尊享独栋别墅—销售收入—乐观"= 1 710.84 ×(1 – 2.00%)= 1 676.63,其余计算同。

各类型住宅"变动费用基数"= 总变动费用 × 各产品占比。其中:总变动费用 ="任务七 2019 年度销售费用预算表"中"变动费用"+"任务八 2019 年度管理费用预算表"中

"变动费用" = 183.07 + 94.31 = 277.38。例如,"尊享独栋别墅 – 变动费用基数" = 277.38 × 30.84% = 85.54,其余计算同。

"变动费用—悲观" = 各类型住宅"变动费用基数" × 对应的悲观幅度。例如,"尊享独栋别墅—变动费用悲观" = 85.54 × (1 – 8.00%) = 78.70,其余计算同。

"变动费用—乐观" = 各类型住宅"变动费用基数" × 对应的乐观幅度。例如,"尊享独栋别墅—变动费用乐观" = 85.54 × (1 – 2.00%) = 83.83,其余计算同。

2019 年变动期间费用弹性预算表

编制部门: 单位:万元

项目	销售收入				变动费用		
	全年合计	各产品占比	悲观	乐观	基数	悲观	乐观
别墅(栋)	—	—	—	—	—	—	—
尊享独栋别墅	1 710.84	30.84%	1 573.98	1 676.63	85.54	78.70	83.83
品质独栋别墅	1 025.01	18.48%	963.51	1 014.76	51.25	48.18	50.74
舒适独栋别墅	942.96	17.00%	886.38	933.53	47.15	44.32	46.68
小计	3 678.82	66.31%	3 423.87	3 624.92	183.94	171.19	181.25
普通住宅(套)	—	—	—	—	—	—	—
尊享天伦家居	782.51	14.11%	743.39	774.69	39.13	37.17	38.73
品质成功家居	498.52	8.99%	538.40	573.30	24.93	26.92	28.66
舒适温馨家居	587.84	10.60%	646.63	705.41	29.39	32.33	35.27
小计	1 868.87	33.69%	1 928.41	2 053.39	93.44	96.42	102.67
合计	5 547.69	100.00%	5 352.29	5 678.32	277.38	267.61	283.92

制单人:×××   复核人:×××

任务十一

任务描述:根据本岗位任务一,计算完成 2019 年营业成本预算表,以完整小数位数引用计算,计算结果四舍五入保留两位小数填列。

2019 年度营业成本预算表

编制部门: 单位:万元

项目	业务量	单位成本	营业成本
别墅(栋)	—	—	—
尊享独栋别墅		33.93	
其中:固定成本	—	1.70	
变动成本	—	32.23	
品质独栋别墅		24.03	

项目	业务量	单位成本	营业成本
其中:固定成本	—	1.20	
变动成本	—	22.83	
舒适独栋别墅		22.36	
其中:固定成本	—	1.12	
变动成本	—	21.24	
小计		—	
普通住宅(套)	—	—	—
尊享天伦家居		6.51	
其中:固定成本	—	0.33	
变动成本	—	6.18	
品质成功家居		4.94	
其中:固定成本	—	0.25	
变动成本	—	4.69	
舒适温馨家居		4.52	
其中:固定成本	—	0.23	
变动成本	—	4.29	
小计		—	
合计		—	

制表人:×××　　　　　　　　　　　　　　　　复核人:×××

答案详解:数据来源于"任务二 2019 年业务量预测表"。

各类型住宅业务量数据来源于"任务二 2019 年业务量预测表",具体如下:

项目	业务量
尊享独栋别墅	28
品质独栋别墅	31
舒适独栋别墅	48
小计	107
尊享天伦家居	58
品质成功家居	61
舒适温馨家居	101
小计	221
合计	328

实训二　营运管理岗

各类型住宅"营业成本"="单位成本"ד业务量"。例如,"尊享独栋别墅—固定成本—营业成本"=28×1.70=46.84,其余计算同。

2019 年度营业成本预算表

编制部门:

项目	业务量(栋、套)	单位成本(万元)	营业成本(万元)
别墅(栋)	—	—	—
尊享独栋别墅	28	33.93	934.77
其中:固定成本	—	1.70	46.84
变动成本	—	32.23	887.94
品质独栋别墅	31	24.03	751.66
其中:固定成本	—	1.20	37.54
变动成本	—	22.83	714.12
舒适独栋别墅	48	22.36	1 072.39
其中:固定成本	—	1.12	53.72
变动成本	—	21.24	1 018.67
小计	107	—	2 758.82
普通住宅(套)	—	—	—
尊享天伦家居	58	6.51	376.15
其中:固定成本	—	0.33	19.07
变动成本	—	6.18	357.08
品质成功家居	61	4.94	303.71
其中:固定成本	—	0.25	15.37
变动成本	—	4.69	288.34
舒适温馨家居	101	4.52	458.60
其中:固定成本	—	0.23	23.34
变动成本	—	4.29	435.26
小计	221	—	1 138.46
合计	328	—	3 897.27

制表人:×××   复核人:×××

任务十二

任务描述:根据本岗位已完成的任务,编制 2019 年别墅产品保本分析表。以完整小数位数引用计算(期间费用预算金额应在各产品类别之间进行分配,分配依据为各品类营业收入占总营业收入的比例,装修量以四舍五入保留取整,收入占总收入的比重和边际贡献率以%填制保留两位小数,如3.05%,其余以四舍五入保留两位小数填列)。

注:2019 年税金及附加为变动成本预算占营业收入0.6%,财务费用(引用资金岗任务8两位小数结果计算)为固定成本。

2019 年别墅产品保本分析表

编制部门:

单位:万元

项目	尊享独栋别墅	品质独栋别墅	舒适独栋别墅	合计
装修量(栋)				
户均金额(万元/套)				
别墅各品类营业收入				
别墅各品类营业收入占总收入的比重				
别墅各品类营业成本				
其中:固定成本				
变动成本				
别墅各品类分担销售费用				
其中:固定成本				
变动成本				
别墅各品类分担管理费用				
其中:固定成本				
变动成本				
别墅各品类分担其他费用(包括财务费用、税金及附加和其他)				
其中:固定成本				
变动成本				
别墅各品类营业总成本				
其中:固定成本				
变动成本				
别墅各品类边际贡献				
别墅各品类边际贡献率				
别墅各品类保本时的边际贡献				
别墅各品类保本时的营业收入				
别墅各品类保本时的业务量				

注:计算保本业务量请向上取整;若边际贡献为负,则保本时的营业收入和业务量请填"N"。

答案详解："装修量（栋）"数据来源于"任务十一 2019 年度营业成本预算表"中"业务量"一列。

"户均金额（万元/套）"数据来源于"任务三 2019 年营业收入预算表"中"户均金额"一列。（"户均金额—合计"="别墅各品类营业收入—合计"/"装修量（栋）—合计"）

"别墅各品类营业收入"数据来源于"任务三 2019 年营业收入预算表"中"销售收入"一列。

"别墅各品类营业收入占总收入的比重"数据来源于"任务五 2019 年变动期间费用弹性预算表"中"销售收入—各产品占比"一列。

"别墅各品类营业成本""其中:固定成本""变动成本"数据来源于"任务十一 2019 年度营业成本预算表"中"营业成本"一列。

"别墅各品类分担销售费用""其中:固定成本""变动成本","别墅各品类分担管理费用""其中:固定成本""变动成本","别墅各品类分担其他费用（包括财务费用、税金及附加和其他）""其中:固定成本""变动成本"分摊表如下。

各品类别墅各类费用分摊表

	尊享独栋别墅分摊	品质独栋别墅分摊	舒适独栋别墅分摊	别墅合计分摊
收入占比	30.84%	18.48%	17.00%	66.31%
销售费用总额(350)	350×30.84%	350×18.48%	350×17.00%	350×66.31%
其中:固定成本(166.93)	166.93×30.84%	166.93×18.48%	166.93×17.00%	166.93×66.31%
变动成本(183.07)	183.07×30.84%	183.07×18.48%	183.07×17.00%	183.07×66.31%
管理费用总额(387.99)	387.99×30.84%	387.99×18.48%	387.99×17.00%	387.99×66.31%
其中:固定成本(293.68)	293.68×30.84%	293.68×18.48%	293.68×17.00%	293.68×66.31%
变动成本(94.31)	94.31×30.84%	94.31×18.48%	94.31×17.00%	94.31×66.31%
财务费用总额(18.1)	18.1×30.84%	18.1×18.48%	18.1×17.00%	18.1×66.31%
税金(收入×0.6%)	1 710.84×0.6%	1 025.01×0.6%	942.96×0.6%	3 678.82×0.6%

"别墅各品类营业总成本"栏数据＝本表"别墅各品类营业成本"＋"别墅各品类分担销售费用"＋"别墅各品类分担管理费用"＋"别墅各品类分担其他费用（包括财务费用、税金及附加和其他）"。

其中:"固定成本"＝各细类"固定成本"总和。

"变动成本"＝各细类"变动成本"总和。

"别墅各品类边际贡献"＝本表"别墅各品类营业收入"－总"变动成本"。

"别墅各品类边际贡献率"＝本表"别墅各品类边际贡献"/"别墅各品类营业收入"。

"别墅各品类保本时的边际贡献"＝本表总"固定成本"。（保本点边际贡献＝固定成本）

"别墅各品类保本时的营业收入—合计"栏数据＝本表"别墅各品类保本时的边际贡献—合计"/"别墅各品类边际贡献率—合计"。

"别墅各品类保本时的营业收入—尊享独栋别墅""别墅各品类保本时的营业收入—品质独栋别墅""别墅各品类保本时的营业收入—舒适独栋别墅"＝"别墅各品类保本时的营业收入—合计"×各别墅占别墅总收入的比例,具体比例如下:

各品类别墅收入占别墅总收入比例表

	尊享独栋别墅	品质独栋别墅	舒适独栋别墅
收入占别墅总收入的比率	0.465 052 797	0.278 625 758	0.256 321 445

"别墅各品类保本时的业务量"栏数据＝本表"别墅各品类保本时的营业收入"/"户均金额(万元/套)"。

2019 年别墅产品保本分析表

编制部门:

项目	尊享独栋别墅	品质独栋别墅	舒适独栋别墅	合计
装修量(栋)	28	31	48	107
户均金额(万元/套)	62.10	32.77	19.66	34.45
别墅各品类营业收入(万元)	1 710.84	1 025.01	942.96	3 678.82
别墅各品类营业收入占总收入的比重	30.84%	18.48%	17.00%	66.31%
别墅各品类营业成本(万元)	934.77	751.66	1 072.39	2 758.82
其中:固定成本(万元)	46.84	37.54	53.72	138.09
变动成本(万元)	887.94	714.12	1 018.67	2 620.73
别墅各品类分担销售费用(万元)	107.94	64.67	59.49	232.09
其中:固定成本(万元)	51.48	30.84	28.37	110.69
变动成本(万元)	56.46	33.83	31.12	121.40
别墅各品类分担管理费用(万元)	119.65	71.69	65.95	257.28
其中:固定成本(万元)	90.57	54.26	49.92	194.74
变动成本(万元)	29.08	17.43	16.03	62.54
别墅各品类分担其他费用(包括财务费用、税金及附加和其他)(万元)	15.85	9.49	8.73	34.08
其中:固定成本(万元)	5.58	3.34	3.08	12.00
变动成本(万元)	10.27	6.15	5.66	22.07
别墅各品类营业总成本(万元)	1 178.20	897.51	1 206.56	3 282.27

续表

项目	尊享独栋别墅	品质独栋别墅	舒适独栋别墅	合计
其中:固定成本(万元)	194.46	125.98	135.08	455.53
变动成本(万元)	983.74	771.52	1 071.48	2 826.74
别墅各品类边际贡献(万元)	727.10	253.49	−128.52	852.07
别墅各品类边际贡献率	42.50%	24.73%	−13.63%	23.16%
别墅各品类保本时的边际贡献(万元)	194.46	125.98	135.08	455.53
别墅各品类保本时的营业收入(万元)	914.63	547.98	504.11	1 966.72
别墅各品类保本时的业务量(栋、套)	15	17	26	58

注:计算保本业务量请向上取整;若边际贡献为负,则保本时的营业收入和业务量请填"N";

任务十三

任务描述:根据本岗位已完成的任务,编制 2019 年普通住宅产品保本分析表。以完整小数位数引用计算(期间费用预算金额应在各产品类别之间进行分配,分配依据为各品类营业收入占总营业收入的比例,装修量以四舍五入保留取整,收入占总收入的比重和边际贡献率以%填制保留两位小数,如 3.05%,其余以四舍五入保留两位小数填列)。

注:2019 年税金及附加为变动成本预算占营业收入 0.6%,财务费用(引用资金岗任务十四 两位小数结果计算)为固定成本。

2019 年住宅产品保本分析表

编制部门:

项目	尊享天伦家居	品质成功家居	舒适温馨家居	合计
装修量(套)				
户均金额(万元/套)				
住宅各品类营业收入(万元)				
住宅各品类营业收入占总收入的比重				
住宅各品类营业成本(万元)				
其中:固定成本(万元)				
变动成本(万元)				
住宅各品类分担销售费用(万元)				
其中:固定成本(万元)				
变动成本(万元)				
住宅各品类分担管理费用(万元)				

项目	尊享天伦家居	品质成功家居	舒适温馨家居	合计
其中:固定成本(万元)				
变动成本(万元)				
住宅各品类分担其他费用(包括财务费用、税金及附加和其他)(万元)				
其中:固定成本(万元)				
变动成本(万元)				
住宅各品类营业总成本(万元)				
其中:固定成本(万元)				
变动成本(万元)				
住宅各品类边际贡献(万元)				
住宅各品类边际贡献率				
住宅各品类保本时的边际贡献(万元)				
住宅各品类保本时的营业收入(万元)				
住宅各品类保本时的业务量(套)				

注:计算保本业务量请向上取整;若边际贡献为负,则保本时的营业收入和业务量请填"N"。

答案详解:"装修量(栋)"数据来源于"任务十一 2019 年度营业成本预算表"中"业务量"一列。

"户均金额(万元/套)"数据来源于"任务三 2019 年营业收入预算表"中"户均金额"一列("户均金额—合计"="住宅各品类营业收入—合计"/"装修量(套)—合计")。

"住宅各品类营业收入"数据来源于"任务三 2019 年营业收入预算表"中"销售收入"一列。

"住宅各品类营业收入占总收入的比重"数据来源于"任务十 2019 年变动期间费用弹性预算表"中"销售收入—各产品占比"一列。

"住宅各品类营业成本""其中:固定成本""变动成本"数据来源于"任务十一 2019 年度营业成本预算表"中"营业成本"一列。

"住宅各品类分担销售费用""其中:固定成本""变动成本","住宅各品类分担管理费用""其中:固定成本""变动成本","住宅各品类分担其他费用(包括财务费用、税金及附加和其他)""其中:固定成本""变动成本"分摊表如下:

实训二 营运管理岗

各品类住宅各类费用分摊表

	尊享天伦 家居分摊	品质成功 家居分摊	舒适温馨 家居分摊	住宅合计分摊
收入占比	14.11%	8.99%	10.60%	33.69%
销售费用总额(350)	350×14.11%	350×8.99%	350×10.60%	350×33.69%
其中:固定成本(166.93)	166.93×14.11%	166.93×8.99%	166.93×10.60%	166.93×33.69%
变动成本(183.07)	183.07×314.11%	183.07×8.99%	183.07×10.60%	183.07×33.69%
管理费用总额(387.99)	387.99×14.11%	387.99×8.99%	387.99×10.60%	387.99×33.69%
其中:固定成本(293.68)	293.68×14.11%	293.68×8.99%	293.68×10.60%	293.68×33.69%
变动成本(94.31)	94.31×14.11%	94.31×8.99%	94.31×10.60%	94.31×33.69%
财务费用总额(18.1)	18.1×14.11%	18.1×8.99%	18.1×10.60%	18.1×33.69%
税金(收入×0.6%)	782.51×0.6%	498.52×0.6%	587.84×0.6%	1 868.87×0.6%

　　"住宅各品类营业总成本"栏数据＝本表"住宅各品类营业成本"＋"住宅各品类分担销售费用"＋"住宅各品类分担管理费用"＋"住宅各品类分担其他费用(包括财务费用、税金及附加和其他)"。

　　其中:"固定成本"＝各细类"固定成本"总和。

　　"变动成本"＝各细类"变动成本"总和。

　　"住宅各品类边际贡献"＝本表"住宅各品类营业收入"－总"变动成本"。

　　"住宅各品类边际贡献率"＝本表"住宅各品类边际贡献"/"住宅各品类营业收入"。

　　"住宅各品类保本时的边际贡献"＝本表总"固定成本"。(保本点边际贡献＝固定成本)

　　"住宅各品类保本时的营业收入—合计"栏数据＝本表"住宅各品类保本时的边际贡献—合计"/"住宅各品类边际贡献率—合计"。

　　"住宅各品类保本时的营业收入—尊享天伦家居""住宅各品类保本时的营业收入—品质成功家居""住宅各品类保本时的营业收入—舒适温馨家居"＝"住宅各品类保本时的营业收入—合计"×各住宅占住宅总收入的比例,具体比例如下:

各品类住宅收入占别住宅总收入比例表

	尊享天伦家居	品质成功家居	舒适温馨家居
收入占住宅总收入的比率	0.418 708 656	0.266 747 745	0.314 543 599

　　"住宅各品类保本时的业务量"栏数据＝本表"住宅各品类保本时的营业收入"/"户均金额(万元/套)"。

2019 年住宅产品保本分析表

编制部门：

项目	尊享天伦家居	品质成功家居	舒适温馨家居	合计
装修量（套）	58	61	101	221
户均金额（万元/套）	13.54	8.11	5.79	8.47
住宅各品类营业收入（万元）	782.51	498.52	587.84	1 868.87
住宅各品类营业收入占总收入的比重	14.11%	8.99%	10.60%	33.69%
住宅各品类营业成本（万元）	376.15	303.71	458.60	1 138.46
其中：固定成本（万元）	19.07	15.37	23.34	57.77
变动成本（万元）	357.08	288.34	435.26	1 080.69
住宅各品类分担销售费用（万元）	49.37	31.45	37.09	117.91
其中：固定成本（万元）	23.55	15.00	17.69	56.23
变动成本（万元）	25.82	16.45	19.40	61.67
住宅各品类分担管理费用（万元）	54.73	34.86	41.11	130.70
其中：固定成本（万元）	41.42	26.39	31.12	98.93
变动成本（万元）	13.30	8.47	9.99	31.77
住宅各品类分担其他费用（包括财务费用、税金及附加和其他）（万元）	7.25	4.62	5.44	17.31
其中：固定成本（万元）	2.55	1.63	1.92	6.10
变动成本（万元）	4.70	2.99	3.53	11.21
住宅各品类营业总成本（万元）	487.49	374.64	542.24	1 404.38
其中：固定成本（万元）	86.59	58.39	74.06	219.04
变动成本（万元）	400.90	316.26	468.18	1 185.34
住宅各品类边际贡献（万元）	381.61	182.26	119.66	683.53
住宅各品类边际贡献率	48.77%	36.56%	20.36%	36.57%
住宅各品类保本时的边际贡献（万元）	86.59	58.39	74.06	219.04
住宅各品类保本时的营业收入（万元）	250.75	159.75	188.37	598.87
住宅各品类保本时的业务量（万元）	19	20	33	71

注：计算保本业务量请向上取整；若边际贡献为负，则保本时的营业收入和业务量请填"N"。

任务十四

任务描述：结合任务十二和任务十三，计算分析当公司要求税前利润达到 1 000 万元时的营业收入应为多少（以完整小数位数引用计算，结果业务量以四舍五入整数填列，其他以四舍五入保留两位小数填列）。

2019 年保利分析表

编制部门：

项目	别墅	普通住宅	合计
营业收入(万元)			
边际贡献(万元)			
加权平均边际贡献率			
固定成本总额(万元)			
目标利润(万元)			
保证目标利润时的营业收入(万元)			

制表人：×××　　　　　　　　　　　　　　　　　　复核人：×××

答案详解：数据来源于"任务十二 2019 年别墅产品保本分析表""任务十二 2019 年住宅产品保本分析表"。

"营业收入—别墅""边际贡献—别墅"数据来源于"任务十二 2019 年别墅产品保本分析表"。

"营业收入—住宅""边际贡献—住宅"数据来源于"任务十三 2019 年住宅产品保本分析表"。

"加权平均边际贡献率"="边际贡献—合计"/"营业收入—合计"。

"固定成本总额—别墅"数据来源于"任务十二 2019 年别墅产品保本分析表"，"固定成本总额—住宅"数据来源于"任务十三 2019 年住宅产品保本分析表"。

"目标利润"=1 000(题目条件给出)。

"保证目标利润时的营业收入"=("固定成本总额—合计"+"目标利润")/"加权平均边际贡献率"。

2019 年保利分析表

编制部门：

项目	别墅	普通住宅	合计
营业收入(万元)	3 678.82	1 868.87	5 547.69
边际贡献(万元)	852.07	683.53	1 535.61
加权平均边际贡献率		27.68%	
固定成本总额(万元)	455.53	219.04	674.56
目标利润(万元)		1 000.00	
保证目标利润时的营业收入(万元)		6 049.69	

制表人：×××　　　　　　　　　　　　　　　　　　复核人：×××

任务十五

任务描述:当存在人力、物力、财力短缺的情况下,公司应该优先安排哪种产品进行施工?

施工决策

序号	产品类别
A	尊享独栋别墅
B	品质独栋别墅
C	舒适独栋别墅
D	尊享天伦家居
E	品质成功家居
F	舒适温馨家居
答案	

答案详解:当存在人力、物力、财力短缺的情况下,应该优先安排边际贡献率最高的产品进行施工。在六种产品中,尊享天伦家居边际贡献率最高。

施工决策

序号	产品类别
A	尊享独栋别墅
B	品质独栋别墅
C	舒适独栋别墅
D	尊享天伦家居
E	品质成功家居
F	舒适温馨家居
答案	D

任务十六

任务描述:请结合本岗位所有任务,进行利润总额对单价的敏感性分析(计算过程取完整小数计算,结果业务量以四舍五入整数填列,其他以四舍五入保留两位小数填列)。

利润总额对单价的敏感性分析表

产品类别	基准单价（万元）	套数（栋、套）	基准收入（万元）	单位变动成本（万元）	基准边际贡献（万元）	固定成本（万元）	利润总额（万元）
其中：别墅（栋）							
尊享独栋别墅							
品质独栋别墅							
舒适独栋别墅							
其中：住宅（套）							
尊享天伦家居							
品质成功家居							
舒适温馨家居							
合计	—			—			
单价变动幅度							−10%

产品类别	变动后单价（万元）	套数（栋、套）	变动后收入（万元）	单位变动成本（万元）	变动后边际贡献（万元）	固定成本（万元）	变动后利润总额（万元）
其中：别墅（栋）							
尊享独栋别墅							
品质独栋别墅							
舒适独栋别墅							
其中：住宅（套）							
尊享天伦家居							
品质成功家居							
舒适温馨家居							
合计	—			—			
利润总额变动幅度							
利润总额对单价的敏感系数							

　　答案详解：基础数据来源于"任务三 2019 年营业收入预算表""任务十二 2019 年别墅产品保本分析表""任务十三 2019 年住宅产品保本分析表"。

　　"基准单价"列数据来源于"任务三 2019 年营业收入预算表"中对应的"户均金额（万元/套（栋））"列数据。

"套数"列数据来源于"任务三 2019 年营业收入预算表"中对应的"装修数量(栋、套)"列数据。

"基准收入"列数据来源于"任务三 2019 年营业收入预算表"中对应的"销售收入"列数据。

"单位变动成本"列数据 = "变动成本"/本表"套数"。

其中,"变动成本"数据来源于"任务十二 2019 年别墅产品保本分析表"、"任务 7 - 2 2019 年住宅产品保本分析表"对应各品类别墅、住宅"变动成本"数据,具体整理如下:

产品类别	变动成本(万元)
尊享独栋别墅	983.74
品质独栋别墅	771.52
舒适独栋别墅	1 071.48
尊享天伦家居	400.90
品质成功家居	316.26
舒适温馨家居	468.18

例如,"尊享独栋别墅 - 单位变动成本" = 983.74/28 = 35.71,其余计算同。

"基准边际贡献" = "基准收入" - "变动成本",例如,"尊享独栋别墅 - 基准边际贡献" = 1 710.84 - 983.74 = 727.10,其余计算同。

"固定成本"数据来源于"任务十二 2019 年别墅产品保本分析表""任务十三 2019 年住宅产品保本分析表"对应各品类别墅、住宅"固定成本"数据之和 = 219.04 + 455.53 = 674.56。

"利润总额" = "合计——基准边际贡献" - "固定成本" = 1 535.61 - 674.56 = 861.05。

"变动后单价" = "基准单价" × (1 - 10%)。例如,"尊享独栋别墅 - 变动后单价" = 62.10 × (1 - 10%) = 55.89,其余计算同。

"变动后收入" = "变动后单价" × "套数"。例如,"尊享独栋别墅 - 变动后收入" = 55.89 × 28 = 1 539.76,其余计算同。

"变动后边际贡献" = ("变动后单价" - "单位变动成本") × "套数"。例如,"尊享独栋别墅 - 变动后边际贡献" = (55.89 - 35.71) × 28 = 556.02,其余计算同。

"变动后利润总额" = "合计——变动后边际贡献" - "固定成本" = 980.84 - 674.56 = 306.28。

"利润总额变动幅度" = ("变动后利润总额" - "利润总额")/"利润总额" = (306.28 - 861.05)/861.05 = -64.43%。

"利润总额对单价的敏感系数" = "利润总额变动幅度"/"单价变动幅度" = -64.43%/-10% = 6.44。

利润总额对单价的敏感性分析表

产品类别	基准单价 （万元）	套数 （栋、套）	基准收入 （万元）	单位变动成本 （万元）	基准边际贡献 （万元）	固定成本 （万元）	利润总额 （万元）
其中：别墅（栋）							
尊享独栋别墅	62.10	28	1 710.84	35.71	727.10		
品质独栋别墅	32.77	31	1 025.01	24.67	253.49		
舒适独栋别墅	19.66	48	942.96	22.34	−128.52		
其中：住宅（套）						674.56	861.05
尊享天伦家居	13.54	58	782.51	6.94	381.61		
品质成功家居	8.11	61	498.52	5.14	182.26		
舒适温馨家居	5.79	101	587.84	4.61	119.66		
合计	—	328	5 547.69	—	1 535.61		
单价变动幅度							−10%

产品类别	变动后 单价 （万元）	套数 （万元）	变动后 收入 （万元）	单位变动成本 （万元）	变动后 边际贡献 （万元）	固定成本 （万元）	变动后 利润总额 （万元）
其中：别墅（栋）							
尊享独栋别墅	55.89	28	1 539.76	35.71	556.02		
品质独栋别墅	29.49	31	922.51	24.67	150.99		
舒适独栋别墅	17.70	48	848.66	22.34	−222.81		
其中：住宅（套）						674.56	306.28
尊享天伦家居	12.19	58	704.26	6.94	303.36		
品质成功家居	7.30	61	448.67	5.14	132.41		
舒适温馨家居	5.21	101	529.06	4.61	60.88		
合计	—	328	4 992.92	—	980.84		
利润总额变动幅度				−64.43%			
利润总额对单价的 敏感系数				6.44			

任务十七

任务描述：请结合本岗位所有任务，进行利润总额对变动成本的敏感性分析（计算过程取完整小数计算,结果业务量以四舍五入整数填列,其他以四舍五入保留两位小数填列)。

利润总额对变动成本的敏感性分析表

产品类别	单价	套数	收入	基准单位变动成本	基准边际贡献	固定成本	利润总额
其中:别墅(栋)							
尊享独栋别墅							
品质独栋别墅							
舒适独栋别墅							
其中:住宅(套)							
尊享天伦家居							
品质成功家居							
舒适温馨家居							
合计	—			—			
变动成本变动幅度							10%
产品类别	单价	套数	收入	变动后单位变动成本	变动后边际贡献	固定成本	变动后利润总额
其中:别墅(栋)							
尊享独栋别墅							
品质独栋别墅							
舒适独栋别墅							
其中:住宅(套)							
尊享天伦家居							
品质成功家居							
舒适温馨家居							
合计	—			—			
利润总额变动幅度							
利润总额对变动成本的敏感系数							

答案详解:基础数据来源于"任务三 2019 年营业收入预算表""任务十二 2019 年别墅产品保本分析表""任务十三 2019 年住宅产品保本分析表"。

"单价""套数""收入""基准单位变动成本""基准边际贡献""固定成本""利润总额"栏数据同"任务十六 利润总额对单价的敏感性分析表"对应栏次数据。

"变动后单位变动成本"＝"基准单位变动成本"×（1＋10%）。例如，"尊享独栋别墅－变动后单位变动成本"＝35.71×（1＋10%）＝39.28，其余计算同。

"变动后边际贡献"＝（"单价"－"变动后单位变动成本"）×"套数"。例如，"尊享独栋别墅－变动后边际贡献"＝（62.10－39.28）×28＝628.73，其余计算同。

"变动后利润总额"＝"合计——变动后边际贡献"－"固定成本"＝1134.40－674.56＝459.84。

"利润总额变动幅度"＝（"变动后利润总额"－"利润总额"）/"利润总额"＝（459.84－861.05）/861.05＝－46.60%。

"利润总额对变动成本的敏感系数"＝"利润总额变动幅度"/"变动成本变动幅度"＝－46.60%／10%＝－4.66。

利润总额对变动成本的敏感性分析表

产品类别	单价（万元）	套数（栋、套）	收入（万元）	基准单位变动成本（万元）	基准边际贡献（万元）	固定成本（万元）	利润总额（万元）
其中：别墅（栋）							
尊享独栋别墅	62.10	28	1 710.84	35.71	727.10		
品质独栋别墅	32.77	31	1025.01	24.67	253.49		
舒适独栋别墅	19.66	48	942.96	22.34	－128.52		
其中：住宅（套）						674.56	861.05
尊享天伦家居	13.54	58	782.51	6.94	381.61		
品质成功家居	8.11	61	498.52	5.14	182.26		
舒适温馨家居	5.79	101	587.84	4.61	119.66		
合计	—	328	5 547.69	—	1 535.61		
变动成本变动幅度							10%

产品类别	单价（万元）	套数（万元）	收入（万元）	变动后单位变动成本（万元）	变动后边际贡献（万元）	固定成本	变动后利润总额（万元）
其中：别墅（栋）							
尊享独栋别墅	62.10	28	1 710.84	39.28	628.73		
品质独栋别墅	32.77	31	1 025.01	27.13	176.34		
舒适独栋别墅	19.66	48	942.96	24.58	－235.66		
其中：住宅（套）						674.56	459.84
尊享天伦家居	13.54	58	782.51	7.63	341.52		
品质成功家居	8.11	61	498.52	5.66	150.63		
舒适温馨家居	5.79	101	587.84	5.08	72.84		
合计	—	328	5 547.69	—	1 134.40		
利润总额变动幅度				－46.60%			
利润总额对变动成本的敏感系数				－4.66			

任务十八

任务描述： 请结合本岗位所有任务，进行利润总额对业务量的敏感性分析（计算过程取完整小数计算，结果业务量以四舍五入整数填列，其他以四舍五入保留两位小数填列）。

利润总额对业务量的敏感性分析表

产品类别	单价（万元）	基准套数（栋、套）	收入（万元）	单位变动成本（万元）	基准边际贡献（万元）	固定成本（万元）	利润总额（万元）
其中：别墅（栋）							
尊享独栋别墅							
品质独栋别墅							
舒适独栋别墅							
其中：住宅（套）							
尊享天伦家居							
品质成功家居							
舒适温馨家居							
合计	—			—			
业务量变动幅度							−10%
产品类别	单价（万元）	变动后套数（栋、套）	收入（万元）	单位变动成本（万元）	变动后边际贡献（万元）	固定成本	变动后利润总额（万元）
其中：别墅（栋）							
尊享独栋别墅							
品质独栋别墅							
舒适独栋别墅							
其中：住宅（套）							
尊享天伦家居							
品质成功家居							
舒适温馨家居							
合计	—			—			
利润总额变动幅度							
利润总额对业务量的敏感系数							

答案详解：基础数据来源于"任务三 2019 年营业收入预算表""任务十二 2019 年别墅产品保本分析表""任务十三 2019 年住宅产品保本分析表"。

"单价""基准套数""收入""单位变动成本""基准边际贡献""固定成本""利润总额"栏数据同"任务十六 利润总额对单价的敏感性分析表"对应栏次数据。

"变动后套数"="基准套数"×（1 − 10%）。例如，"尊享独栋别墅 − 变动后套数"= 28 × （1 − 10%）= 25，其余计算同。

"变动后收入"="单价"×"变动后套数"。例如，"尊享独栋别墅 − 变动后收入"= 25 × 62.10 = 1539.76，其余计算同。

"变动后边际贡献"=（"单价" − "单位变动成本"）×"变动后套数"。例如，"尊享独栋别墅 − 变动后边际贡献"=（ 62.10 − 35.71 ）× 25 = 654.39，其余计算同。

"变动后利润总额"="合计——变动后边际贡献" − "固定成本"= 1382.05 − 674.56 = 707.49。

"利润总额变动幅度"=（"变动后利润总额" − "利润总额"）/"利润总额"=（707.49 − 861.05）/861.05 = − 17.83%。

"利润总额对业务量的敏感系数"="利润总额变动幅度"/"业务量变动幅度"= − 17.83% / − 10% = 1.78。

利润总额对业务量的敏感性分析表

产品类别	单价（万元）	基准套数（栋、套）	收入（万元）	单位变动成本（万元）	基准边际贡献（万元）	固定成本（万元）	利润总额（万元）
其中:别墅(栋)							
尊享独栋别墅	62.10	28	1 710.84	35.71	727.10		
品质独栋别墅	32.77	31	1 025.01	24.67	253.49		
舒适独栋别墅	19.66	48	942.96	22.34	− 128.52		
其中:住宅(套)							
尊享天伦家居	13.54	58	782.51	6.94	381.61	674.56	861.05
品质成功家居	8.11	61	498.52	5.14	182.26		
舒适温馨家居	5.79	101	587.84	4.61	119.66		
合计	—	328	5 547.69	—	1 535.61		
业务量变动幅度							− 10%

产品类别	单价（万元）	变动后套数（栋、套）	变动后收入（万元）	单位变动成本（万元）	变动后边际贡献（万元）	固定成本（万元）	变动后利润总额（万元）
其中:别墅(栋)							
尊享独栋别墅	62.10	25	1 539.76	35.71	654.39		
品质独栋别墅	32.77	28	922.51	24.67	228.14		
舒适独栋别墅	19.66	43	848.66	22.34	−115.66		
其中:住宅(套)						674.56	707.49
尊享天伦家居	13.54	52	704.26	6.94	343.45		
品质成功家居	8.11	55	448.67	5.14	164.03		
舒适温馨家居	5.79	91	529.06	4.61	107.69		
合计	—	295	4 992.92	—	1 382.05		
利润总额变动幅度	−17.83%						
利润总额对业务量的敏感系数	1.78						

任务十九

任务描述:请结合本岗位所有任务,进行利润总额对固定成本的敏感性分析(计算过程取完整小数计算,结果业务量以四舍五入整数填列,其他以四舍五入保留两位小数填列)。

利润总额对固定成本的敏感性分析表

产品类别	单价（万元）	套数（栋、套）	收入（万元）	单位变动成本（万元）	边际贡献（万元）	基准固定成本（万元）	利润总额（万元）
其中:别墅(栋)							
尊享独栋别墅							
品质独栋别墅							
舒适独栋别墅							
其中:住宅(套)							
尊享天伦家居							
品质成功家居							
舒适温馨家居							
合计	—			—			
固定成本变动幅度							10%

实训二 营运管理岗

产品类别	单价（万元）	套数（栋、套）	收入（万元）	单位变动成本（万元）	边际贡献（万元）	变动后固定成本（万元）	变动后利润总额（万元）
其中:别墅（栋）							
尊享独栋别墅							
品质独栋别墅							
舒适独栋别墅							
其中:住宅（套）							
尊享天伦家居							
品质成功家居							
舒适温馨家居							
合　计	—			—			
利润总额变动幅度							
利润总额对固定成本的敏感系数							

答案详解:基础数据来源于"任务三 2019 年营业收入预算表""任务十二 2019 年别墅产品保本分析表""任务十三 2019 年住宅产品保本分析表"。

"单价""套数""收入""单位变动成本""边际贡献""基准固定成本""利润总额"栏数据同"任务十六 利润总额对单价的敏感性分析表"对应栏次数据。

"变动后固定成本"="基准固定成本"×(1+10%)=674.56×(1+10%)=742.02。

"变动后利润总额"="合计—边际贡献"–"变动后固定成本"=1535.61–742.02=793.59。

"利润总额变动幅度"=("变动后利润总额"–"利润总额")/"利润总额"=(793.59–861.05)/861.05=–7.83%。

"利润总额对固定成本的敏感系数"="利润总额变动幅度"/"业务量变动幅度"=–7.83%/10%=–0.78。

利润总额对固定成本的敏感性分析表

产品类别	单价 （万元）	套数 （栋、套）	收入 （万元）	单位变动成本 （万元）	边际贡献 （万元）	基准 固定成本 （万元）	利润总额 （万元）
其中:别墅（栋）							
尊享独栋别墅	62.10	28	1 710.84	35.71	727.10		
品质独栋别墅	32.77	31	1 025.01	24.67	253.49		
舒适独栋别墅	19.66	48	942.96	22.34	−128.52		
其中:住宅（套）						674.56	861.05
尊享天伦家居	13.54	58	782.51	6.94	381.61		
品质成功家居	8.11	61	498.52	5.14	182.26		
舒适温馨家居	5.79	101	587.84	4.61	119.66		
合计	—	328	5 547.69	—	1 535.61		
固定成本变动幅度							10%

产品类别	单价	套数	收入	单位变动成本	边际贡献	变动后 固定成本	变动后 利润总额
其中:别墅（栋）							
尊享独栋别墅	62.10	28	1 710.84	35.71	727.10		
品质独栋别墅	32.77	31	1 025.01	24.67	253.49		
舒适独栋别墅	19.66	48	942.96	22.34	−128.52		
其中:住宅（套）						742.02	793.59
尊享天伦家居	13.54	58	782.51	6.94	381.61		
品质成功家居	8.11	61	498.52	5.14	182.26		
舒适温馨家居	5.79	101	587.84	4.61	119.66		
合计	—	328	5 547.69	—	1 535.61		
利润总额变动幅度				−7.83%			
利润总额对固定 成本的敏感系数				−0.78			

任务二十

任务描述: 通过上述对各因素的分析,公司应该更关注哪个因素的变动情况。（请在正确的选项后面划"√"）

实训二 营运管理岗

序号	影响因素	答案
A	价格	
B	单位变动成本	
C	固定成本	
D	业务量	

　　答案详解：比较利润总额对各因素的敏感程度大小（用绝对值比较），最敏感的是单价，其次是变动成本，再次是业务量，最后是固定成本。因此公司应该更关注"价格"这一因素的变动情况。

序号	影响因素	答案
A	价格	√
B	单位变动成本	
C	固定成本	
D	业务量	

实训三
资金管理岗

实训目标

知识导向

1. 了解资金管理岗的岗位职责。
2. 了解各种筹资渠道和方式的不同。
3. 理解资本成本的含义。

能力追求

1. 会计算各种筹资方式的资本成本。
2. 会利用销售百分比法进行资金需要量的预测。
3. 会编制收入、成本、利润的预测表。
4. 会利用净现值等指标进行项目决策分析。

德技双修

爱岗敬业,忠于职守

爱岗是职责,敬业是本分,忠于职守是忠于企业最实在的表现。会计人员应该热爱自己的本职工作,安心于本职岗位,恪尽职守地做好本职工作;具有会计职业的荣誉感和自豪感,在职业活动中具有高度的劳动热情和创造性,以强烈的事业心、责任感从事会计工作。

岗位介绍

一、岗位描述

资金管理岗是对企业的资金来源和资金使用进行计划、控制、监督和考核等各项工作，要求具有较强的责任心和风险意识、良好的沟通协调和谈判能力，熟悉各类融资渠道、金融机构业务及资金流动性管理。

二、岗位职责

（1）项目管理与评价：对所负责融资项目进行跟进，收集相关资料，协助公司评审部门完成对融资项目的评审。

（2）筹资决策分析：负责筹资方案的具体实施和操作，负责完成融资目标，保障资金正常流转。

（3）投资决策分析：负责编制公司的资金使用计划，对公司全年资金使用进行统筹规划，促进公司资金平衡。

（4）财务预算编制：分析和测算各项财务指标，编制财务预算表，撰写公司每月资金管理专项分析报告，提出并实施公司资金管理工作改进建议，完善资金管理制度。

（5）负责公司融资资料的归档和保管工作，监督资金使用，提高资金使用效率。

岗位资源

业务资源一：VR 项目投资论证

一、家装行业发展现状

近年来，我国经济发展呈现"新常态"发展特点：经济增长由高速增长向中高速增长转变；经济发展结构不断优化升级；经济发展由要素驱动、投资驱动向创新驱动转变。今年我国宏观经济稳中向好，全社会固定资产投资 641 238 亿元，同比增长 7.0%；全社会建筑业增加值为 55,689 亿元，同比增长 4.3%，占 GDP 比重 6.73%。公共建筑装饰行业依然保持平稳的发展。国家宏观调控和行业政策的引导，城镇化进程的不断推进，人民对生活质量的追求，以及生活、交通、商业配套等基础设施的建设将为建筑装饰行业尤其是公共建筑装饰行业提供新的发展动能。住宅装饰市场，得益于持续的城镇化、居民消费实力的增强、房地产市场的刚性需求等市场需求规模的扩大和需求内容的提质，总体延续之前稳定增长的态势，市场规模不断扩大。同时，经济新常态背景下供给侧改革的提出，从市场供给的角度出发，推动住宅装饰市场转变发展方式，实现创新驱动，促进行业的良性发展。

——来源：国家统计局《2017 中国建筑装饰行业发展报告》

二、公司发展目前存在的问题

(一)产业链条长，客户体验差

通过设计师营销招揽客户，再将项目工程分配出去分头完成，会涉及供应厂商、经销商、运输服务商、设计师、施工队等环节，产业链复杂冗余，导致装修效率低下，信息不通畅，客户体验很差。

(二)营销渠道少，获客成本高

营销人员接触客户后，设计师需要立即跟上，并认真、负责地和客户进行沟通。为了和客户达成良好一致的意见，设计师更要花费大量的时间和精力来讲解设计理念，项目经理则需要与客户沟通项目施工过程中的每一项执行细节，而这期间所花费的时间成本和人力成本都是超出想象的。

(三)认知差异大，质量控制难

公司经常会将一些项目外包给施工组来完成装修工作。当客户对装修风格提出要求，施工组能力达不到的情况下，就难以保证施工质量。而施工班不属于装企公司管理，一旦出了问题，施工组一般不会主动承担责任，而由装企公司来负主要责任。这对装企公司来说非常被动，装修质量也难以把控。

(四)客户沟通难，图纸频繁改

大部分客户不懂装修而又追求个性化，设计师往往很难理解客户想要的效果。为了使装修效果使客户满意，设计图纸只能一改再改，不仅耗费时间、精力，施工进度也会受到影响。

三、VR 智慧家装系统投入

VR 智慧家装在线设计系统是以在线设计为核心，贯穿营销、施工、供应量等环节，为住宅装修企业和消费者提供的一站式互联网服务平台。VR 智慧家装系统可进行快速搭建户型、全屋硬装设计、全屋定制品设计，一键渲染单张及全景效果图，一键导出施工图，快速算量报价下单。设计方案还可以直接导入 VR 用于终端展示，为消费者提供一流的展示效果与沉浸式交互体验。

VR 系统主要技术功能如下。

(1)快速创建户型图。可满足移动量房、户型图临摹、自由绘制等功能需要。

(2)硬装定制及软装搭配。可满足一键应用样板房、2D/3D 视角任意切换边设计边漫游。

(3)一键渲染单张及全景效果图。高清全景图输出，即刻实现 720 度漫游。

(4)一键导出施工图。

(5)快速算量报价下单。

(6)一键生成 VR 场景。让客户在 VR 全景环境中看到未来家的情景。

(7)VR 系统可用于终端展示。解决装修行业辅助设计、预见效果、避免返工三大装修难题。

(8)内含多套 3D 全景漫游案例集锦，满足客户众多个性化需求。

四、结论

拟成立 VR 智慧家装事业部(简称"VR 项目",下同),主要提供高端住宅及别墅的定制化装修专业服务,为高端消费人群提供"定制化、可视化"家装设计及服务。在家装设计选择上实现可见、可听、可感、可定制;客户选择产品后家装服务全流程标准化,且随时在移动设备上实现 720 度全方位可见。VR 智慧家装事业部成立后,公司将对原有家装业务和 VR 智慧家装在线设计业务分别进行业绩考核。

五、VR 项目投资调研材料主要观点

(1)当前大量公司进入家装行业,家装行业竞争进入白热化。

(2)80 后、90 后已成为购房的主力军,在选择家装时越来越追求个性化、自主化、多元化,关注自我。享受消费和选择服务的过程中注重自我体验已成为当今社会消费价值的趋势。

(3)2017 年,党的十九大报告中明确指出,要进一步深化供给侧结构性改革,优化流通结构,节省交易成本,提高有效经济总量——就是优化消费结构,实现消费品不断升级,不断提高人民生活品质,实现创新—开放—共享的经济发展模式。

(4)随着科技的高速发展,虚拟现实技术已经被成熟地应用于娱乐、房产开发、展示、设计等多个领域。

(5)家装服务内容同质化严重,基本在数套预设的家装风格样式供客户进行选择,客户也只能通过平面设计图和家装效果图来进行挑选,而最终交付成果时会出现"所得非所愿"的情况。

(6)公司之前没有熟悉 VR 技术的相关人员,也没有相关的技术经验,掌握 VR 技术设备操作需要培训周期较长或外部招聘。

(7)公司于2018 年新聘请到行业内标杆企业公司的设计与施工团队核心人员,将室内家装业务梳理出 480 道施工工序,通过该 ERP 监理和后台远程控制,可对每一个节点和施工进度进行工具化管理,大大提升了作业质量。

(8)目前已有较多同行业领先的装饰公司开始着手布局应用 VR 技术针对高端群体进行家装服务。

(9)公司历来高度重视技术学习和经验积累,并将积累的经验在借鉴同行业先进的施工和管理经验的基础上进行作业的标准化;公司加强信息技术应用,采购适配装饰行业 ERP系统,有效地提高项目管理效率和质量,增强了服务水平,运用云设计软件实现产品,可快速生成效果图,快速导出报价清单,在当地众多装修装饰企业中具备优势。

(10)公司严把产品质量和客户服务关,凭借数年行业内的积淀在本地形成了自身强大的品牌优势,具有较好的用户口碑和市场声誉。同时,因公司在标准化设计、装配化施工、一体化装修、信息化管理及智能化应用等方面取得的显著成果与建设成效,成为所在市最早获得住房和城乡建设局认定的建筑装饰装修标杆企业之一。

业务资源二：VR 项目展厅支出

公司成立 VR 智慧家装事业部，拟建立 800 平方米 VR 展厅，主要信息如下。

一、展厅建设简介

（一）启动时间

2019 年 7 月 1 日。

（二）建设项目

VR 展厅场地租赁、VR 展厅场地设计装修、VR 设备取得。

（三）筹建周期

六个月。场地装修和设备购置安装调试均在 2019 年 12 月 31 日完工。

（四）场地租赁

装修期间提供免租期 6 个月，实际付租期间 5 年，从 2020 年 1 月 1 日至 2024 年 12 月 31 日。

（五）展厅设计装修

如果设备更换，需进行重新装修，即装修摊销时间同设备折旧时间。

（六）设备寿命

设备预计寿命 5 年，净残值为 0。

（七）事业部正式运营

2020 年 1 月 1 日。

二、VR 展厅建设支出明细

（1）2017 年公司曾组织专业人员，对 VR 项目进行市场调研和向专家咨询等，已发生费用合计 15 万元。

（2）公司就展厅场地租赁、展厅设计装修、VR 设备取得，具体调研情况如下。

①VR 展租赁相关信息如表。

VR 展厅租赁主要信息表

项目	主要内容
租金起算日期	2020 年 1 月 1 日
租赁截止日期	2024 年 12 月 31 日
租赁期	5 年
租赁面积	800 平方米
月租金	8 万元/月
付租日期	每年 12 月 31 日
首次付租日期	2020 年 12 月 31 日
最后付租日期	2024 年 12 月 31 日
租金支付	按年支付

②VR 展厅设计与装修费用支出如下。

VR 展厅设计与装修费用资料表

费用项目	面积	单价	资金投入时间
VR 展厅设计费	800 平方方米	200 元/平方米	2019 年 12 月 31 日
VR 展厅装修费	800 平方米	1 300 元/平方米	2019 年 12 月 31 日

（3）VR 设备如何取得暂未确定，详细信息见业务资源三。

业务资源三：VR 设备取得方式

公司为取得 VR 设备，采购部门与供应商、租赁公司进行洽谈，拟定两个方案，具体如下。

方案一：自行采购 VR 设备，2019 年 12 月 31 日一次性向供应商支付设备全款 400 万元购买设备。设备组件及对应价格如下。

VR 设备价目表

设备类别	明细套件	标准	单价	金额	支付时间
虚拟建模部分	云端后台服务系统	1 套	110 万元/套	110 万元	2019 年 12 月 31 日
	装修经典案例库	1 套	20 万元/套	20 万元	2019 年 12 月 31 日
	API 对楼系统	1 套	18 万元/套	18 万元	2019 年 12 月 31 日
	3D 激光扫描仪	1 套	19 万元/套	19 万元	2019 年 12 月 31 日
视觉显示设备	CAVE 投影系统	200 平方米	0.15 万元/平	30 万元	2019 年 12 月 31 日
	头戴式显示器（头显）	10 套	0.6 万元/套	6 万元	2019 年 12 月 31 日
	3D 展示墙	500 平方米	0.1 万元/平米	50 万元	2019 年 12 月 31 日
声音部分	VR 立体声音模拟	1 套	12 万元/套	12 万元	2019 年 12 月 31 日
	VR 语音识别系统	1 套	19 万元/套	19 万元	2019 年 12 月 31 日
交互部分	数据衣	1 套	14 万元/套	14 万元	2019 年 12 月 31 日
	数据手套	10 套	0.5 万元/套	2 万元	2019 年 12 月 31 日
	力矩球	10 套	1.5 万元/套	15 万元	2019 年 12 月 31 日
	6 自由度操纵杆	10 套	1.5 万元/套	15 万元	2019 年 12 月 31 日
	电磁式运动感应设备	1 套	25 万元/套	25 万元	2019 年 12 月 31 日
	高清全景出图系统	2 套	13 万元/套	13 万元	2019 年 12 月 31 日
	一键式装修报价系统	1 套	7 万/套	7 万元	2019 年 12 月 31 日
	一键式设计方案系统	1 套	25 元/套	25 元	2019 年 12 月 31 日
设备金额合计				400 万元	

方案二:融资租赁租入 VR 设备,与租赁公司商谈确定,由租赁公司向供应商支付设备价款,本公司从租赁公司租入设备。租赁费用和相关实际成本均可在所得税税前列支。管理层期望税前资本成本不超过 12%,有关信息资料如下。

VR 设备租信息资料表

项目	条款
租赁公司	山西华金融资租赁有限公司
租赁方式	融资租赁
租赁开始日期	2020 年 1 月 1 日
租赁终止日期	2024 年 12 月 31 日
租赁服务期限	5 年
到期后设备权属	归承租方
租金支付日期	每年 12 月 31 日
首次支付日期	2020 年 12 月 31 日
租赁服务费(租金外)	30 万元
租赁服务费支付日期	2019 年 12 月 31 日
每期租金金额	110 万元

业务资源四:VR 项目收入预测

VR 项目家装产品包括 VR 尊享独栋别墅、VR 品质独栋别墅、VR 舒适独栋别墅、VR 尊享天伦家居四种。

产品收入 = 客流量×转化率×平均单价。

(1)客流量与转化率预测如下。

VR 项目客流量与转化率预测表

产品		2020 年	2021 年	2022 年	2023 年	2024 年
客流量(次)	VR 尊享独栋别墅	75	75	75	75	75
	VR 品质独栋别墅	150	150	150	150	150
	VR 舒适独栋别墅	75	75	75	75	75
	VR 尊享天伦家居	5 000	5 000	5 000	5 000	5 000
转化率(签约客户/客流量)		1.00%	1.00%	1.00%	1.00%	1.00%

注:转化率,客户签约单数与客流量的比值

(2)VR 项目产品平均单价如下。

VR 项目产品平均单价表

产品	平均单价[万元/(栋、套)]
VR 尊享独栋别墅	130
VR 品质独栋别墅	100
VR 舒适独栋别墅	70
VR 尊享天伦家居	23

业务资源五:VR 项目成本费用预测

VR 项目成本费用预测如下。

VR 项目成本费用预测表

项目	是否与订单挂钩	金额(比率:占收入比率)
直接人工	挂钩	约为收入25%
直接材料	挂钩	约为收入45%
间接费用	挂钩	约为收入10%
展厅设计装修摊销	不挂钩	参见调明细结果
展厅租金	不挂钩	参见调明细结果
VR 设备折旧	不挂钩	参见调明细结果
行政办公费用	不挂钩	20 万元/年

业务资源六:资本成本计算说明

因该项目与公司业务相似,资产风险接近,故将公司加权平均资本成本确定为 VR 项目的必要报酬率。

公司加权平均资本成本计算步骤如下。

第一步,采用资本资产定价模型计算权益资本成本。

(1)利用资本资产定价模型:$R = R_f + \beta(R_m - R_f)$。

(2)以同行业上市公司普通股资本成本作为公司权益资本成本。

(3)选择建筑装饰行业5家上市公司计算平均β值(5家上市公司β值如下),上市公司市场预期回报利率(R_m)为 8.95%,5 年期国债到期收益率为 3.85%。

家上市公司 β 系数表

公司名称	股票代码	β 系数
金螳螂	002081	1.02
亚厦股份	002375	1.00
洪涛股份	002325	1.00
瑞和股份	002620	1.00
广田股份	002482	1.03

第二步,计算加权平均资本成本。

(1)2018 年末总负债和总所有者权益占总资产比重作为各自权重。

(2)根据公司与协议银行签订的借款协议和央行公布的贷款利率,公司平均贷款利率为8%。

(3)加权平均资本成本计算结果百分数形式保留整数(形式如8%,若其他任务引用此数据也引用整数)。

业务资源七:销售百分比法应用步骤

销售百分比法应用步骤如下。

(1)区分资产负债项目是否为敏感性项目。

(2)确定敏感性项目占收入的百分比。

(3)确定敏感性项目预测期期末数据。

(4)编制预计利润表,计算预测期留存收益增加额。

(5)确定外部融资需求。

(6)综合上述信息,编制预计资产负债表。

业务资源八:融资方式适用情形

各种融资方式适用情形如下。

(1)内部权益融资:优先使用留存收益增加部分解决资金缺口。

(2)短期借款融资:弥补一年以内经营资金短缺,经营周转使用。

(3)长期借款融资:满足长期资产投资资金需要,扩大规模使用。

(4)外部权益融资:应对股权投资资金需要或公司形式发生变更。

岗位任务

知识要点思维导图:

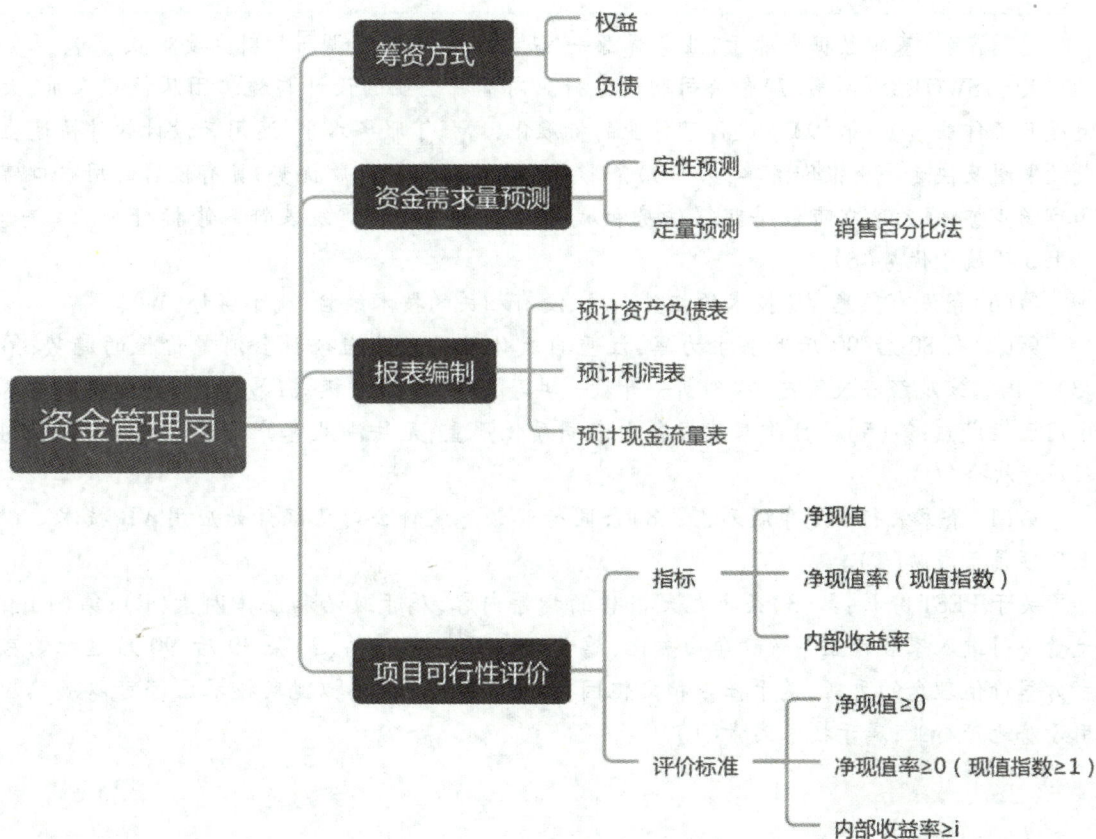

任务一：项目投资可行性分析

任务描述：将业务资源一中"VR 项目投资调研材料主要观点（1）～（10）"分别填入 SWOT 分析表对应的项目中；（1）～（4）分别填入 PEST 分析表对应的项目中。

SWOT 分析

项目	序号
优势（S）	
劣势（W）	
机会（O）	
威胁（T）	

PEST 分析

项目	序号
政治和法律因素（P）	
经济因素（E）	
社会和文化因素（S）	
技术因素（T）	

答案详解：基础数据来源于"业务资源一'五、VR 项目投资调研材料主要观点'"。

关于 SWOT 分析：第（7）条公司聘请了行业内标杆企业的设计与施工团队核心人员，大大提升了作业质量；第（9）条进行了作业的标准化，增强了服务水平，运用云设计软件快速生成效果图及快速导出报价清单；第（10）条形成了自身强大的品牌优势，具有较好的用户口碑和市场声誉，成为所在市最早获得住房和城乡建设局认定的建筑装饰装修标杆企业之一。以上 3 项属于优势（S）。

第（6）条没有熟悉 VR 技术的相关人员、没有相关的技术经验，属于劣势（W）。

第（2）条 80 后、90 后购房主力军，注重自我体验已成为当今社会消费价值的趋势；第（3）条国家宏观经济政策支持"创新—开放—共享"的经济发展模式；第（4）条虚拟现实技术应用已经成熟；第（5）条目前家装服务内容同质化严重，无法满足客户需求的现状。以上 4 项属于机会（O）。

第（1）条家装行业竞争激烈，第（8）条同行业领先装饰公司已经开始应用 VR 技术。以上 2 项属于威胁（T）。

关于 PEST 分析：第（3）条十九大报告的指导内容，属于政治和法律因素（P）；第（1）条大量公司进入家装行业导致竞争白热化，属于经济因素（E）；第（2）条 80 后、90 后这批购房主力军价值理念的更新，属于社会和文化因素（S）；第（3）条虚拟现实技术已经可以成熟应用于房地产行业，属于技术因素（T）。

SWOT 分析

项目	序号
优势(S)	(7)(9)(10)
劣势(W)	(6)
机会(O)	(2)(3)(4)(5)
威胁(T)	(1)(8)

PEST 分析

项目	序号
政治和法律因素(P)	(3)
经济因素(E)	(1)
社会和文化因素(S)	(2)
技术因素(T)	(4)

任务二:设备取得方式决策

任务描述:根据业务资源中相关资料,计算比较资本成本,并选择 VR 设备取得方式(计算结果以四舍五入两位小数填列,税前资本成本以四舍五入后两位小数的形式填列,如 1.00%)。

设备取得方式决策表

编制单位:　　　　　　　　　　　　　　　　　　　　　　　　　　金额单位:万元

项目	2019 年	2020 年	2021 年	2022 年	2023 年	2024 年
设备现值(正数填列)		—	—	—	—	—
租赁服务费支出(负数填列)		—	—	—	—	—
租金支出(负数填列)	—					
现金流量合计						
税前资本成本						
选择何种方式取得(自购/租赁)						

制表人:　　　　　　　　　　　　　　　　　　　　　　　　　　　　复核人:

答案详解:基础数据来源于"业务资源三:VR 设备取得方式"。

根据资源可知,如果租赁设备,相当于节约购置成本即设备现值 400 万元(现金流入)("设备现值—2019 年"栏数据)。

租赁服务费支出于 2019 年支付,支出金额(现金流出)为 30 万元("租赁服务费支出—2019 年"栏数据)。

租金支出于 2020 年至 2024 年分 5 年进行支付,每年支出(现金流出)110 万元("租金支出—2020 至 2024 年"栏数据)。

"现金流量合计—2019 至 2024 年"=本表"租赁服务费支出"+"租金支出"。

"税前资本成本"计算公式:内部收益率 IRR(即租赁设备需支付的税前资本成本) $\sum_{t=0}^{n} \text{NCF}t \times (P/F, \text{IRR}, t) = 0$。

"选择何种方式取得"决策标准:根据资源数据,管理层期望税前资本成本不超过12%,租赁设备税前资本成本14.86%(通过公式计算得出)大于管理层期望,因此选择"自购"方式取得设备。

设备取得方式决策表

编制单位: 金额单位:万元

项目	2019 年	2020 年	2021 年	2022 年	2023 年	2024 年
设备现值(正数填列)	400.00	—	—	—	—	—
租赁服务费支出(负数填列)	−30.00	—	—	—	—	—
租金支出(负数填列)	—	−110.00	−110.00	−110.00	−110.00	−110.00
现金流量合计	370.00	−110.00	−110.00	−110.00	−110.00	−110.00
税前资本成本	14.86%	—	—	—	—	—
选择何种方式取得(自购/租赁)	自购					

制表人: 复核人:

任务三:VR 项目收入预测

任务描述:根据企业介绍中的公共资源及本岗位资源,预测 VR 项目收入,并填入表格中(计算结果以四舍五入两位小数填列)。

VR 项目收入预测表

编制单位: 金额单位:万元

产品	2020 年	2021 年	2022 年	2023 年	2024 年
VR 尊享独栋别墅					
VR 品质独栋别墅					
VR 舒适独栋别墅					
VR 尊享天伦家居					
收入合计					

答案详解:基础数据来源于"业务资源四:VR 项目收入预测"。

运用公式:产品收入 = 客流量 × 转化率 × 平均单价。

例如,"VR 尊享独栋别墅—2020 年"栏数据 =75(客流量)× 1.00%(转化率)× 130(平均单价)=97.5 万元,其余计算同。

VR 项目收入预测表

编制单位：　　　　　　　　　　　　　　　　　　　　　　　　　　　　金额单位:万元

产品	2020 年	2021 年	2022 年	2023 年	2024 年
VR 尊享独栋别墅	97.50	97.50	97.50	97.50	97.50
VR 品质独栋别墅	150.00	150.00	150.00	150.00	150.00
VR 舒适独栋别墅	52.50	52.50	52.50	52.50	52.50
VR 尊享天伦家居	1 150.00	1 150.00	1 150.00	1 150.00	1 150.00
收入合计	1 450.00	1 450.00	1 450.00	1 450.00	1 450.00

任务四:VR 项目成本费用预测

任务描述: 根据企业介绍中的公共资源及本岗位资源,计算成本费用,将答案填入表格(计算结果以四舍五入两位小数填列)。

(1)区分成本属性,在表格中填入"固定"或"变动"。

(2)计算 VR 项目成本费用,并填入表格中。

VR 项目成本费用预测表

编制单位：　　　　　　　　　　　　　　　　　　　　　　　　　　　　金额单位:

项目	成本性态	2020 年	2021 年	2022 年	2023 年	2024 年
直接人工(万元)						
直接材料(万元)						
间接费用(万元)						
展厅设计装修摊销(万元)						
展厅租金(万元)						
VR 设备折旧(万元)						
行政办公费用(万元)						
固定成本合计(万元)	—					
其中:折旧摊销合计(万元)	—					
变动成本率	—					
变动成本合计(万元)	—					
成本合计(万元)	—					

答案详解: 基础数据来源于"业务资源五:VR 项目成本费用预测"和"业务资源二:VR 项目展厅支出"。

成本性态:根据"业务资源五"的"VR 项目成本费用预测表"中"是否与订单挂钩"栏次内容填列。其中,"直接人工""直接材料""间接费用"与订单挂钩,所以成本性态归为"变动";"展厅设计装修摊销""展厅租金""VR 设备折旧""行政办公费用"与订单不挂钩,所以成本性态归为"固定"。

"直接人工—2020 年"栏数据 = 1 450.00(任务三"收入合计—2020 年"栏次)×25%

["业务资源五"中的"VR项目成本费用预测表""直接人工—金额(比率:占收入比率)"栏次]=362.50,2021—2024年数据同。

"直接材料—2020年"栏数据=1 450.00(任务三"收入合计—2020年"栏次)×45%["业务资源五"中的"VR项目成本费用预测表""直接材料—金额(比率:占收入比率)"栏次]=652.50,2021-2024年数据同。

"间接费用—2020年"栏数据=1 450.00(任务三"收入合计—2020年"栏次)×10%["业务资源五"中的"VR项目成本费用预测表""间接费用-金额(比率:占收入比率)"栏次]=145.00,2021—2024年数据同。

"展厅设计装修摊销—2020年"栏数据=(200×800+800×1 300)/50 000(总设计与装修费需平均到5年且以万元填列,因此要除以50 000)=24.00万元(数据来源于"业务资源二"中的"VR展厅设计与装修费用资料表"),2021—2024年数据同。

"展厅租金—2020年"栏数据=8×12=96.00万元(数据来源于"业务资源二"中的"VR展厅租赁主要信息表"),2021—2024年数据同。

"VR设备折旧—2020年"栏数据=400(设备购置成本)/5=80万元,2021—2024年数据同。

"行政办公费用—2020年"栏数据=20万元["业务资源五"中的"VR项目成本费用预测表""行政办公费用—金额(比率:占收入比率)"栏次)],2021—2024年数据同。

"固定成本合计"栏数据=本表"展厅设计装修摊销"+"展厅租金"+"VR设备折旧"+"行政办公费用"。

"其中:折旧摊销合计"栏数据=本表"展厅设计装修摊销"+"VR设备折旧"。

"变动成本率—2020年"栏数据=(0.25+0.45+0.10)×100%=80.00%["业务资源五"中的"VR项目成本费用预测表""直接人工—金额(比率:占收入比率)"栏次+"直接材料—金额(比率:占收入比率)"栏次+"间接费用—金额(比率:占收入比率)"栏次],2021—2024年数据同。

"变动成本合计"栏数据=本表"直接人工"+"直接材料"+"间接费用"。

"成本合计"栏数据=本表"固定成本合计"+"变动成本合计"。

VR项目成本费用预测表

编制单位:

项目	成本性态	2020年	2021年	2022年	2023年	2024年
直接人工(万元)	变动	362.50	362.50	362.50	362.50	362.50
直接材料(万元)	变动	652.50	652.50	652.50	652.50	652.50
间接费用(万元)	变动	145.00	145.00	145.00	145.00	145.00
展厅设计装修摊销(万元)	固定	24.00	24.00	24.00	24.00	24.00
展厅租金(万元)	固定	96.00	96.00	96.00	96.00	96.00
VR设备折旧(万元)	固定	80.00	80.00	80.00	80.00	80.00
行政办公费用(万元)	固定	20.00	20.00	20.00	20.00	20.00

项目	成本性态	2020 年	2021 年	2022 年	2023 年	2024 年
固定成本合计（万元）	—	220.00	220.00	220.00	220.00	220.00
其中:折旧摊销合计（万元）	—	104.00	104.00	104.00	104.00	104.00
变动成本率	—	80.00%	80.00%	80.00%	80.00%	80.00%
变动成本合计（万元）	—	1 160.00	1 160.00	1 160.00	1 160.00	1 160.00
成本合计（万元）	—	1 380.00	1 380.00	1 380.00	1 380.00	1 380.00

任务五:VR 项目利润计算

任务描述:根据企业介绍中公共资源及本岗位资源,计算 VR 项目利润(本企业适用所得税税率为 25%),将答案填入表格(计算结果以四舍五入两位小数填列)。

VR 项目利润计算表

编制单位:　　　　　　　　　　　　　　　　　　　　　　　　　　　金额单位:万元

项目	总计	2020 年	2021 年	2022 年	2023 年	2024 年
营业收入						
营业总成本						
变动成本						
固定成本						
（其中:折旧、摊销额）						
利润总额						
所得税费用						
净利润						

注:项目在运营期没有发生非正常收益损失。

答案详解:基础数据来源于"任务三""任务四"。

"营业收入"栏数据来源于"任务三"中"收入合计"。

"营业总成本"栏数据来源于"任务四"中"成本合计"。

"变动成本"栏数据来源于"任务四"中"变动成本合计"。

"固定成本"栏数据来源于"任务四"中"固定成本合计"。

"（其中:折旧、摊销额）"栏数据来源于"任务四"中"其中:折旧摊销合计"。

"利润总额"栏数据 = 本表"营业收入"－"营业成本"。

"所得税费用"栏数据 = 本表"利润总额"×25%

"净利润"栏数据 = 本表"利润总额"－"所得税费用"。

VR 项目利润计算表

编制单位： 金额单位：万元

项目	总计	2020 年	2021 年	2022 年	2023 年	2024 年
营业收入	7 250.00	1 450.00	1 450.00	1 450.00	1 450.00	1 450.00
营业总成本	6 900.00	1 380.00	1 380.00	1 380.00	1 380.00	1 380.00
变动成本	5 800.00	1 160.00	1 160.00	1 160.00	1 160.00	1 160.00
固定成本	1 100.00	220.00	220.00	220.00	220.00	220.00
（其中:折旧、摊销额）	520.00	104.00	104.00	104.00	104.00	104.00
利润总额	350.00	70.00	70.00	70.00	70.00	70.00
所得税费用	87.50	17.50	17.50	17.50	17.50	17.50
净利润	262.50	52.50	52.50	52.50	52.50	52.50

注:项目在运营期没有发生非正常收益损失。

任务六:VR 项目现金流量预测

任务描述:根据企业介绍中公共资源及本岗位资源,计算 VR 项目现金流量,并将答填入表格,初始投资额正数列示,现金净流量流入为正,流出为负(计算结果以四舍五入两位小数填列)。

VR 项目现金流量预测表

编制单位： 金额单位：万元

项目	2019 年	2020 年	2021 年	2022 年	2023 年	2024 年
初始投资额（正数填列）		—	—	—	—	—
净利润	—					
折旧、摊销	—					
现金净流量 （流入为正,流出为负）						

制表人: 复核人:

注:2020—2024 年各期经营现金流量视为期末发生。

答案详解:基础数据来源于"任务二""任务五"。

"初始投资额（正数填列）—2019"＝400 万元(根据任务二设备取得方式为"自购")。

"净利润"栏数据来源于"任务五"中"净利润"。

"折旧、摊销"栏数据来源于"任务五"中"（其中:折旧、摊销额）"。

"现金净流量（流入为正,流出为负）—2019 年"栏数据 ＝ －本表"初始投资额（正数填列）—2019"。

"现金净流量（流入为正,流出为负）—2020 年至 2024 年"栏数据 ＝ 本表"净利润"＋"折旧、摊销"。

VR 项目现金流量预测表

编制单位：　　　　　　　　　　　　　　　　　　　　　　　　　　　　金额单位:万元

项目	2019 年	2020 年	2021 年	2022 年	2023 年	2024 年
初始投资额（正数填列）	520.00	—	—	—	—	—
净利润	—	52.50	52.50	52.50	52.50	52.50
折旧、摊销	—	104.00	104.00	104.00	104.00	104.00
现金净流量 （流入为正，流出为负）	−520.00	156.50	156.50	156.50	156.50	156.50

制表人：　　　　　　　　　　　　　　　　　　　　　　　　　　　　复核人：

注:2020—2024 年各期经营现金流量视为期末发生。

任务七:资本成本计算

任务描述: 根据背景资料和岗位资源,分析计算公司加权平均资本成本,并将答案填入表格,计算结果四舍五入保留 2 位小数(加权平均资本成本保留百分比整数)。

权益资本成本计算表

项目	数值
行业平均 β 值	
无风险利率(%)	
市场风险溢价(%)	
权益资本成本(%)	

加权平均资本成本计算表

项目	权重(%)	资本成本(%)
负债		
权益		
加权平均资本成本(%整数)		

注:负债的资本成本指税后资本成本。加权平均资本成本保留整数,若其他任务需要用到本数值也引用整数数值。

答案详解: 基础数据来源于"业务资源六:资本成本计算说明"。

权益资本成本计算表中:

"行业平均 β 值"栏数据 = (1.02 + 1 + 1 + 1 + 1.03)/5 = 1.01(数据来源于"业务资源六"中的"5 家上市公司 β 系数表")。

"无风险利率(%)"栏数据来源于"业务资源六"中"第一步　(3)5 年期国债到期收益率为 3.85%"。

"市场风险溢价(%)"栏数据 = 8.95%［数据来源于"业务资源六"中"第一步　(3)上市公司市场预期回报利率(R_m)为 8.95%"］ − 3.85% = 5.10%。

"权益资本成本(%)"栏数据 $= 3.85\% + 1.01 \times 5.10\% = 9.00\%$ [计算公式:利用资本资产定价模型: $R = R_f + \beta(R_m - R_f)$]。

加权平均资本成本计算表中:

"负债—权重"栏数据 $= 41\,235\,298.88/61\,909\,968.16 = 66.61\%$

"权益—权重"栏数据 $= 20\,674\,669.28/61\,909\,968.16 = 33.39\%$

数据来源于"业务资源六"中"第二步 (1)2018年末总负债和总所有者权益占总资产比重作为各自权重",2018年末资产、负债和所有者权益数据如下:

负债合计(元)	41 235 298.88
所有者权益合计(元)	20 674 669.28
总资产总计(元)	61 909 968.16

"负债—资本成本(%)"栏数据 $= 8\%$ [数据来源于"业务资源六"中"第二步 (2)根据公司与协议银行签订的借款协议和央行公布的贷款利率,公司平均贷款利率为8%")× 0.75 $= 6.00\%$。

注:银行贷款资本成本计算公式 $=$ 年利息率 × (1 - 所得税税率)/(1 - 资本成本率);

"权益—资本成本(%)"栏数据 $=$ 权益资本成本计算表中"权益资本成本(%)";

"加权平均资本成本(%整数)" $= 66.61\% \times 6.00\% + 33.39\% \times 9.00\% = 7\%$;

计算公式: $K_W = \sum_{j=1}^{n} Kj \cdot Wj$。

权益资本成本计算表

项目	数值
行业平均β值	1.01
无风险利率	3.85%
市场风险溢价	5.10%
权益资本成本	9.00%

加权平均资本成本计算表

项目	权重	资本成本
负债	66.61%	6.00%
权益	33.39%	9.00%
加权平均资本成本(%整数)	7%	

注:负债的资本成本指税后资本成本。加权平均资本成本保留整数,若其他任务需要用到本数值也引用整数数值。

任务八:净现值计算

任务描述:根据企业介绍中公共资源及本岗位资源,分析计算净现值并评价投资方案是否可行(NIPV >0 为可行),并将答案填入表格(计算结果贴现系数以四舍五入四位小数填列,其他以四舍五入两位小数填列)。

VR 项目净现值计算表

编制单位：　　　　　　　　　　　　　　　　　　　　　　　　金额单元：万元

项目	2019 年	2020 年	2021 年	2022 年	2023 年	2024 年
现金净流量						
贴现率						
贴现系数(4 位小数)						
贴现现金流量						
净现值(NPV)						
投资方案是否可行(是/否)						

答案详解：基础数据来源于"任务六""任务七"。

"现金净流量"栏数据来源于"任务六"中"现金净流量(流入为正,流出为负)"。

"贴现率"栏数据来源于"任务七"中"加权平均资本成本计算表"中"加权平均资本成本(%整数)"。

"贴现系数(4 位小数)"可通过复利现值系数表查询得出。

"贴现现金流量"栏数据 ="现金净流量"×"贴现系数(4 位小数)"。

"净现值(NPV)"栏数据 ="贴现现金流量—2019 年"+"贴现现金流量—2020 年"+"贴现现金流量—2021 年"+"贴现现金流量—2022 年"+"贴现现金流量—2023 年"+"贴现现金流量—2024 年"。

"投资方案是否可行(是/否)"决策标准:NPV >0,方案可行。

VR 项目净现值计算表

编制单位：　　　　　　　　　　　　　　　　　　　　　　　　金额单元：万元

项目	2019 年	2020 年	2021 年	2022 年	2023 年	2024 年
现金净流量	−520.00	156.50	156.50	156.50	156.50	156.50
贴现率	7.00%	7.00%	7.00%	7.00%	7.00%	7.00%
贴现系数(4 位小数)	1.0 000	0.9 346	0.8 734	0.8 163	0.7 629	0.7 130
贴现现金流量	−520.00	146.26	136.69	127.75	119.39	111.58
净现值(NPV)	121.68					
投资方案是否可行(是/否)	是					

任务九：净现值平衡计算

任务描述：根据企业介绍中公共资源及本岗位资源,在其他条件不变时,计算下列各因素值为多少时,实现净现值平衡(NPV =0),并将答案填入表格,结果四舍五入保留两位小数,转化率百分比保留三位小数。

净现值平衡计算表（NPV＝0）

项目	VR 尊享天伦家居产品单价	净现值
单价 1	25	181.18
单价 2	18	−32.08
最低单价（万元）		0

净现值平衡计算表（NPV＝0）

项目	VR 尊享天伦家居客户流量	净现值
客流量 1	5 500	192.41
客流量 2	4 000	−19.78
最低客流量		0

净现值平衡计算表（NPV＝0）

项目	转化率	净现值
转化率 1	1.10%	210.86
转化率 2	0.80%	−56.68
最低转化率（3 位小数）		0

净现值平衡计算表（NPV＝0）

项目	每期固定成本	净现值
固定成本 1	300	−124.33
固定成本 2	150	336.94
最高固定成本（万元）		0

注：固定成本中非付现成本数值不变。

答案详解：本题目运用公式内插法公式。例如，第一张表格中的最低单价（万元）＝25 − (181.18 − 0)/[181.18 − (−32.08)] × (25 − 18) ＝19.05。其余计算步骤同。

净现值平衡计算表（NPV＝0）

项目	VR 尊享天伦家居产品单价（万元）	净现值（万元）
单价 1	25	181.18
单价 2	18	−32.08
最低单价	19.05	0

净现值平衡计算表（NPV＝0）

项目	VR 尊享天伦家居客户流量	净现值（万元）
客流量 1	5 500	192.41
客流量 2	4 000	−19.78
最低客流量	4 140	0

项目	转化率	净现值(万元)
转化率1	1.10%	210.86
转化率2	0.80%	−56.68
最低转化率(三位小数)	0.864%	0

净现值平衡计算表(NPV =0)

项目	每期固定成本(万元)	净现值(万元)
固定成本1	300	−124.33
固定成本2	150	336.94
最高固定成本	259.57	0

注:固定成本中非付现成本数值不变。

任务十:预计利润表

任务描述:根据企业介绍中公共资源,结合营运管理岗编制结果,编制 2019 年预计利润表(计算结果四舍五入保留两位小数填制,如结果为 0 需要填写 0.00)。

(1)2019 年税金及附加预算占营业收入 0.6%。

(2)2019 年财务费用预算为 181 044.64 元。

(3)所得税费用按照利润总额的 25% 预计。

(4)营业收入、营业成本、销售费用、管理费用金额均从营运岗位以两位小数引用计算。

2019 年预计利润表

编制单位: 单位:万元

项目	预测期金额	上期金额
一、营业收入		
减:营业成本		
税金及附加		
销售费用		
管理费用		
财务费用		
资产减值损失		
加:公允价值变动收益(损失以"−"号填列)		
投资收益(损失以"−"号填列)		
其中:对联营企业和合营企业的投资收益		
资产处置收益(损失以"−"号填列)		
其他收益		

续表

项 目	预测期金额	上期金额
二、营业利润(亏损以"－"号填列)		
加:营业外收入		
减:营业外支出		
三、利润总额(亏损总额以"－"号填列)		
减:所得税费用		
四、净利润(净亏损以"－"号填列)		

答案详解：基础数据来源于营运管理岗和2018年度报表数据,本题直接引用。

"营业利润"栏数据＝"营业收入"－"营业成本"－"税金及附加"－"销售费用"－

"管理费用"－"财务费用"－"资产减值损失"＋

"公允价值变动收益"＋"投资收益"

＝5 547.69－3 897.27－33.29－350.00－387.99－18.10＝861.04。

"利润总额"栏数据＝"营业利润"＋"营业外收入"－"营业外支出"

＝861.04＋0－0＝861.04。

"所得税费用"栏数据＝"利润总额"×25%＝861.04×25%＝215.26。

"净利润"栏数据＝"利润总额"－"所得税费用"＝861.04－215.26＝645.78。

2019 年预计利润表

编制单位：　　　　　　　　　　　　　　　　　　　　　　　　　　　单位:万元

项目	预测期金额	上期金额
一、营业收入	5 547.69	5 156.24
减:营业成本	3 897.27	3 813.94
税金及附加	33.29	23.99
销售费用	350.00	175.58
管理费用	387.99	197.02
财务费用	18.10	12.40
资产减值损失	0.00	0.00
加:公允价值变动收益(损失以"－"号填列)	0.00	0.00
投资收益(损失以"－"号填列)	0.00	0.00
其中:对联营企业和合营企业的投资收益	0.00	0.00
资产处置收益(损失以"－"号填列)	0.00	0.00
其他收益	0.00	0.00
二、营业利润(亏损以"－"号填列)	861.04	933.31
加:营业外收入	0.00	0.00

项目	预测期金额	上期金额
减:营业外支出	0.00	0.00
三、利润总额(亏损总额以"－"号填列)	861.04	933.31
减:所得税费用	215.26	196.13
四、净利润(净亏损以"－"号填列)	645.78	737.18

任务十一:预测长期资产

任务描述: 根据企业介绍中公共资源及本岗位资源,分析计算,并将答案填入表格(计算结果以四舍五入两位小数填列)。

2019 年长期资产预测表

编制单位: 金额单位:万元

项目	期初余额	本年增加	本年减少	期末余额
固定资产原值	699.58			
累计折旧	92.13	26.87	—	
无形资产	72.89	—	2.95	
长期待摊费用	—			

答案详解: 基础数据来源于"任务二:设备取得方式决策"和"业务资源二:VR 项目展厅支出"中"VR 展厅设计与装修费用资料表"。

"固定资产原值－本年增加"栏数据=400,由"任务二:设备取得方式决策"可知自购设备当年增加 400 万元。

"固定资产原值－本年减少"栏数据=0。

"长期待摊费用－本年增加"栏数据来源于"业务资源二:VR 项目展厅支出"中"VR 展厅设计与装修费用资料表"=(800×200+800×1 300)/10 000=120(万元)。

"长期待摊费用－本年减少"栏数据=0。

"期末余额"="期初余额"+"本年增加"－"本年减少"。

2019 年长期资产预测表

编制单位: 金额单位:万元

项目	期初余额	本年增加	本年减少	期末余额
固定资产原值	699.58	400.00	—	1 099.58
累计折旧	92.13	26.87	—	119.00
无形资产	72.89	—	2.95	69.94
长期待摊费用	—	120.00	0.00	120.00

任务十二:预测敏感性项目

任务描述: 根据企业介绍中公共资源及本岗位资源,分析计算各项目占收入百分比和

实训三 资金管理岗

各资产负债项目 2019 年期末数,将答案填入表格(计算结果以四舍五入两位小数填列)。

2019 年资产负债项目预测表

编制单位:金额   单位:万元

项目	收入敏感性项目（是/否）	2018 年	销售百分比	2019 年
销售收入	—	5 156.24	—	5 547.69
货币资金	是	668.45		
应收票据	是	0.00		
应收账款	是	3 672.54		
预付账款	是	593.31		
其他应收款	是	547.03		
存货	是	29.32		
流动资产合计	—	5 510.65	—	
投资性房地产	否	0.00		
固定资产	否	699.58		
累计折旧	否	92.13		
无形资产	否	72.89		
长期待摊费用	否	0.00		
非流动资产合计		680.34		
资产合计	—	6 190.99	—	
短期借款	否	280.00	—	—
应付票据	是	0.00		
预收账款	是	366.69		
应付账款	是	2 529.34		
应付职工薪酬	是	14.88		
应交税费	是	245.86		
其他应付款	是	683.95		
应付利息	否	2.80	—	
流动负债合计	—	4 123.53		
长期借款	否	0.00	—	—
非流动负债合计		0.00	—	
负债合计	—	4 123.53	—	

    答案详解:基础数据来源于"营运管理岗任务一至三"的数据、2018 年度报表数据及"任务十一:预测长期资产"。

"销售百分比"栏次数据="项目−2018年"/"销售收入−2018年"。

例如,"货币资金−销售百分比"="货币资金−2018年"/"销售收入−2018年"=668.45/5 156.24=12.96%,其余计算同。

"2019"栏次数据:

（1）对于收入敏感性项目,计算公式="销售收入−2019年"×"项目−销售百分比"。

例如:"货币资金—2019年"="销售收入—2019年"×"货币资金—销售百分比"=5 547.69×12.96%=719.20(由于数据计算时是采用原若干位数据而不是保留两位后的数据,所以实际计算结果和直接用保留两位后计算结果有差异),其余计算同。

（2）对于收入不敏感性项目,"固定资产—2019年"、"累计折旧—2019年""无形资产—2019年""长期待摊费用—2019年"栏数据来源于"任务十一:2019年长期资产预测表"中"期末余额"栏数据。

2019 年资产负债项目预测表

编制单位：　　　　　　　　　　　　　　　　　　　　　　　　　　金额单位：万元

项目	收入敏感性项目（是/否）	2018 年	销售百分比	2019 年
销售收入	—	5 156.24	—	5 547.69
货币资金	是	668.45	12.96%	719.20
应收票据	是	0.00	0.00%	0.00
应收账款	是	3 672.54	71.23%	3 951.35
预付账款	是	593.31	11.51%	638.35
其他应收款	是	547.03	10.61%	588.56
存货	是	29.32	0.57%	31.55
流动资产合计	—	5 510.65	—	5 929.01
投资性房地产	否	0.00		0.00
固定资产	否	699.58		1 099.58
累计折旧	否	92.13		119.00
无形资产	否	72.89		69.94
长期待摊费用	否	0.00		120.00
非流动资产合计	—	680.34		1 170.52
资产合计	—	6 190.99		7 099.53
短期借款	否	280.00		—
应付票据	是	0.00	0.00%	0.00
预收账款	是	366.69	7.11%	394.53

续表

项目	收入敏感性项目（是/否）	2018 年	销售百分比	2019 年
应付账款	是	2 529.34	49.05%	2 721.36
应付职工薪酬	是	14.88	0.29%	16.01
应交税费	是	245.86	4.77%	264.53
其他应付款	是	683.95	13.26%	735.87
应付利息	否	2.80	—	3.02
流动负债合计	—	4 123.53	—	4 135.32
长期借款	否	0.00	—	—
非流动负债合计	—	0.00	—	0.00
负债合计	—	4 123.53	—	4 135.32

注:(1)资产负债项目分为收入敏感性项目和非收入敏感性项目。

(2)除长期资产预测表中项目外,其他非敏感性项目无变化。

(3)非敏感性负债在在融资金额计算表中填写。

(4)2019 年计划分配利润 100 万元,应付利息期末余额预计为 30 212.52 元。

任务十三:预测融资需求额

任务描述:根据企业介绍中公共资源及本岗位资源,分析计算,并将答案填入表格(计算过程引用上一步完整小数,计算结果以四舍五入两位小数填列)。

2019 年资金需求测算表

编制单位: 金额单位:万元

项目	金额
流动资产增加额	
非流动资产增加额	
资产增加合计	
流动负债增加额(不含金融负债)	
非流动负债增加额(不含金融负债)	
负债增加合计	
融资总需求(资产增加 – 负债增加)	
留存收益增加	
留存收益减少	
留存收益净增加额	
外部融资需求	

答案详解：基础数据来源于"任务十二：2019 年资产负债项目预测表""任务十：2019 年预计利润表"。

"流动资产增加额"栏数据 = "任务十二：2019 年资产负债项目预测表"中"流动资产合计—2019 年"–"流动资产合计—2018 年"。

"非流动资产增加额"栏数据 = "任务十二：2019 年资产负债项目预测表"中"非流动资产合计—2019 年"–"非流动资产合计—2018 年"。

"资产增加合计"栏数据 = "任务十二：2019 年资产负债项目预测表"中"资产合计—2019 年"–"资产合计—2018 年"。

"流动负债增加额(不含金融负债)"栏数据 = "任务十二：2019 年资产负债项目预测表"中"流动负债合计—2019 年"–"流动负债合计—2018 年"。

"非流动负债增加额(不含金融负债)"栏数据 = "任务十二：2019 年资产负债项目预测表"中"非流动负债合计—2019 年"–"非流动负债合计—2018 年"。

"负债增加合计"栏数据 = "任务十二：2019 年资产负债项目预测表"中"负债合计—2019 年"–"负债合计—2018 年"。

"融资总需求(资产增加–负债增加)"栏数据 = 本表"资产增加合计"–"负债增加合计"。

"留存收益增加"栏数据 = "任务十：2019 年预计利润表"中"四、净利润(净亏损以"–"号填列–预测期金额)"。

"留存收益减少"栏数据 = 100(题目给出)。

"留存收益净增加额"栏数据 = 本表"留存收益增加"–"留存收益减少"。

"外部融资需求"栏数据 = 本表"融资总需求(资产增加–负债增加)"–"留存收益净增加额"。

2019 年资金需求测算表

编制单位：   金额单位：万元

项目	金额
流动资产增加额	418.36
非流动资产增加额	490.18
资产增加合计	908.54
流动负债增加额(不含金融负债)	11.79
非流动负债增加额(不含金融负债)	0.00
负债增加合计	11.79
融资总需求(资产增加–负债增加)	896.75
留存收益增加	645.78
留存收益减少	100.00
留存收益净增加额	545.78
外部融资需求	350.97

任务十四:选择融资方式

任务描述:(1)分析短期借款、长期借款的特点,在答题区域填写其特点对应的编号(A/B)。(2)经测算,2019年资金缺口是由于投资 VR 项目购置设备和展厅设计装修造成,分析计算填写融资金额计算表(计算过程引用上一步完整小数,计算结果以四舍五入两位小数填列)。

融资方式特点对比表

编制单位:

项目	短期借款	长期借款
融资速度(A.快　B.慢)		
融资金额(A.大　B.小)		
融资成本(A.高　B.低)		
限制条件(A.多　B.少)		
融资风险(A.高　B.低)		
占用时间(A.长　B.短)		

融资金额计算表

编制单位:　　　　　　　　　　　　　　　　　　　　　　金额单位:万元

项目	金额
融资总需求额	
内部权益融资额	
外部融资额	
短期借款额	
长期借款额	
外部权益融资额	

答案详解:基础数据来源于"任务十三:2019 年资金需求测算表""业务资源八:融资方式适用情形"。

融资方式特点对比表中:短期借款具有融资速度快、融资金额小、融资成本低、限制条件少、融资风险高、占用时间短等特点,长期借款具有融资速度慢、融资金额大、融资成本高、限制条件多、融资风险低、占用时间长等特点。

融资金额计算表中:

"融资总需求额"栏数据="任务十三:2019 年资金需求测算表"中"融资总需求(资产增加 - 负债增加)"。

"内部权益融资额"栏数据="任务十二:2019 年资金需求测算表"中"留存收益净增加额"。

"外部融资额"栏数据="任务十三:2019 年资金需求测算表"中"外部融资需求"。

"短期借款额"栏数据＝0。

"长期借款额"栏数据＝本表"外部融资额"（根据业务资源八：融资方式适用情形中"（3）长期借款融资：满足长期资产投资资金需要，扩大规模使用。"表述得出结论）。

"外部权益融资额"栏数据＝0（根据业务资源八：融资方式适用情形中"（4）外部权益融资：应对股权投资资金需要或公司形式发生变更。"表述得出结论）。

融资方式特点对比表

编制单位：

项目	短期借款	长期借款
融资速度（A.快　B.慢）	A	B
融资金额（A.大　B.小）	B	A
融资成本（A.高　B.低）	B	A
限制条件（A.多　B.少）	B	A
融资风险（A.高　B.低）	A	B
占用时间（A.长　B.短）	B	A

融资金额计算表

编制单位：　　　　　　　　　　　　　　　　　　　　　金额单位：万元

项目	金额
融资总需求额	896.75
内部权益融资额	545.78
外部融资额	350.97
短期借款额	0.00
长期借款额	350.97
外部权益融资额	0.00

任务十五：预计资产负债表

任务描述： 根据前述任务，结合企业介绍中公共资源及本岗位资源，完成2019年预计资产负表编制（计算过程引用完整小数，计算结果以四五入两位小数填列）。

2019 年预计资产负债表

编制单位：　　　　　　　　　　　　　　　　　　　　　金额单位：万元

资产	期末余额	期初余额	负债和所有者权益（或股东权益）	期末余额	年初余额
流动资产：	—	—	流动负债：	—	—
货币资金			短期借款		
以公允价值计量且其变动计入当期损益的金融资产			以公允价值计量且其变动计入当期损益的金融负债		

资产	期末余额	期初余额	负债和所有者权益（或股东权益）	期末余额	年初余额
衍生金融资产			衍生金融负债		
应收票据			应付票据		
应收账款			应付账款		
预付款项			预收款项		
应收利息			应付职工薪酬		
应收股利			应交税费		
其他应收款			应付利息		
存货			应付股利		
持有待售资产			其他应付款		
一年内到期的非流动资产			持有待售负债		
其他流动资产			一年内到期的非流动负债		
流动资产合计			其他流动负债		
非流动资产：	—	—	流动负债合计		
可供出售金融资产			非流动负债：	—	—
持有至到期投资			长期借款		
长期应收款			应付债券		
长期股权投资			其中：优先股		
投资性房地产			永续债		
固定资产			长期应付款		
在建工程			专项应付款		
工程物资			预计负债		
固定资产清理			递延收益		
生产性生物资产			递延所得税负债		
油气资产			其他非流动负债		
无形资产			非流动负债合计		
开发支出			负债合计		
商誉			所有者权益（或股东权益）：	—	—
长期待摊费用			实收资本（或股本）		
递延所得税资产			其他权益工具		
其他非流动资产			其中：优先股		

资产	期末余额	期初余额	负债和所有者权益 （或股东权益）	期末余额	年初余额
非流动资产合计			永续债		
			资本公积		
			减:库存股		
			其他综合收益		
			盈余公积		
			未分配利润		
			所有者权益（或股东权益） 合计		
资产总计			负债和所有者权益（或股东 权益）总计		

注:按照本年净利润的10%提取盈余公积。

答案详解:期初余额数据来源于2018年资产负债表(见P397),本题直接引用。

期末余额数据来源于"任务十二:2019年资产负债项目预测表""任务十:2019年预计利润表"及"任务十四 融资金额计算表"。

"货币资金—期末余额"栏数据="任务十二:2019年资产负债项目预测表"中"货币资金—2019年"。

"应收账款—期末余额"栏数据="任务十二:2019年资产负债项目预测表"中"应收账款—2019年"。

"预付款项—期末余额"栏数据="任务十二:2019年资产负债项目预测表"中"预付账款—2019年"。

"其他应收款—期末余额"栏数据="任务十二:2019年资产负债项目预测表"中"其他应收款—2019年"。

"存货—期末余额"栏数据="任务十二:2019年资产负债项目预测表"中"存货—2019年"。

"固定资产—期末余额"栏数据="任务十二:2019年资产负债项目预测表"中"固定资产—2019年"-"累计折旧—2019年"。

"无形资产—期末余额"栏数据="任务十二:2019年资产负债项目预测表"中"无形资产—2019年"。

"长期待摊费用—期末余额"栏数据="任务十二:2019年资产负债项目预测表"中"长期待摊费用—2019年"。

"应付账款—期末余额"栏数据="任务十二:2019年资产负债项目预测表"中"应付账款—2019年"。

"预收款项—期末余额"栏数据="任务十二:2019年资产负债项目预测表"中"预收账

款－2019年"。

"应付职工薪酬—期末余额"栏数据＝"任务十二:2019年资产负债项目预测表"中"应付职工薪酬—2019年"。

"应交税费—期末余额"栏数据＝"任务十二:2019年资产负债项目预测表"中"应交税费—2019年"。

"应付利息—期末余额"栏数据＝"任务十二:2019年资产负债项目预测表"中"应付利息—2019年"。

"其他应付款—期末余额"栏数据＝"任务十二:2019年资产负债项目预测表"中"其他应付款—2019年"。

"长期借款—期末余额"栏数据＝"任务十四:融资金额计算表"中"长期借款额"。

"实收资本—期末余额"栏数据＝本表"实收资本—年初余额"。

"盈余公积—期末余额"栏数据＝本表"盈余公积—年初余额"＋"任务十:2019年预计利润表"中"四、净利润(净亏损以"－"号填列)"×10%。

"未分配利润－期末余额"栏数据＝本表"未分配利润－年初余额"＋"任务十:2019年预计利润表"中"四、净利润(净亏损以'－'号填列)"×(1－10%)－100。

2019年预计资产负债表

编制单位:　　　　　　　　　　　　　　　　　　　　　　　　金额单位:万元

资产	期末余额	期初余额	负债和所有者权益 (或股东权益)	期末余额	年初余额
流动资产:	—	—	流动负债:	—	—
货币资金	719.20	668.45	短期借款	0.00	280.00
以公允价值计量且其变动计入当期损益的金融资产	0.00	0.00	以公允价值计量且其变动计入当期损益的金融负债	0.00	0.00
衍生金融资产	0.00	0.00	衍生金融负债	0.00	0.00
应收票据	0.00	0.00	应付票据	0.00	0.00
应收账款	3 951.35	3 672.54	应付账款	2 721.36	2 529.34
预付款项	638.35	593.31	预收款项	394.53	366.69
应收利息	0.00	0.00	应付职工薪酬	16.01	14.88
应收股利	0.00	0.00	应交税费	264.53	245.86
其他应收款	588.56	547.03	应付利息	3.02	2.80
存货	31.55	29.32	应付股利	0.00	0.00
持有待售资产	0.00	0.00	其他应付款	735.87	683.95
一年内到期的非流动资产	0.00	0.00	持有待售负债	0.00	0.00
其他流动资产	0.00	0.00	一年内到期的非流动负债	0.00	0.00

资产	期末余额	期初余额	负债和所有者权益（或股东权益）	期末余额	年初余额
流动资产合计	5 929.01	5 510.65	其他流动负债	0.00	0.00
非流动资产:	—	—	流动负债合计	4 135.32	4 123.53
可供出售金融资产	0.00	0.00	非流动负债:	—	—
持有至到期投资	0.00	0.00	长期借款	350.97	0.00
长期应收款	0.00	0.00	应付债券	0.00	0.00
长期股权投资	0.00	0.00	其中:优先股	0.00	0.00
投资性房地产	0.00	0.00	永续债	0.00	0.00
固定资产	980.58	607.45	长期应付款	0.00	0.00
在建工程	0.00	0.00	专项应付款	0.00	0.00
工程物资	0.00	0.00	预计负债	0.00	0.00
固定资产清理	0.00	0.00	递延收益	0.00	0.00
生产性生物资产	0.00	0.00	递延所得税负债	0.00	0.00
油气资产	0.00	0.00	其他非流动负债	0.00	0.00
无形资产	69.94	72.89	非流动负债合计	350.97	0.00
开发支出	0.00	0.00	负债合计	4 486.29	4 123.53
商誉	0.00	0.00	所有者权益(或股东权益):	—	—
长期待摊费用	120.00	0.00	实收资本(或股本)	1 000.00	1 000.00
递延所得税资产	0.00	0.00	其他权益工具	0.00	0.00
其他非流动资产	0.00	0.00	其中:优先股	0.00	0.00
非流动资产合计	1 170.52	680.34	永续债	0.00	0.00
			资本公积	0.00	0.00
			减:库存股	0.00	0.00
			其他综合收益	0.00	0.00
			盈余公积	254.50	189.92
			未分配利润	1 358.75	877.55
			所有者权益(或股东权益)合计	2 613.25	2 067.47
资产总计	7 099.53	6 191.00	负债和所有者权益(或股东权益)总计	7 099.53	6 191.00

注:按照本年净利润的 10% 提取盈余公积。

实训三 资金管理岗

403

2018 年资产负债表

编制单位:×××装饰有限公司　　　　　　　　　　　　　　　　　　单位:元

资产	2018 年	负债和所有者权益(或股东权益)	2018 年
流动资产:		流动负债:	
货币资金	6 684 536.56	短期借款	2 800 000.00
以公允价值计量且其变动计入当期损益的金融资产		以公允价值计量且其变动计入当期损益的金融负债	
衍生金融资产		衍生金融负债	
应收票据		应付票据	
应收账款	36 725 432.01	应付账款	25 293 397.76
预付款项	5 933 083.36	预收款项	3 666 942.20
应收利息		应付职工薪酬	148 846.68
应收股利		应交税费	2 458 567.40
其他应收款	5 470 305.44	应付利息	28 000.00
存货	293 177.05	应付股利	
持有待售资产		其他应付款	6 839 544.84
一年内到期的非流动资产		持有待售负债	
其他流动资产		一年内到期的非流动负债	
流动资产合计	55 106 534.42	其他流动负债	
非流动资产:		流动负债合计	41 235 298.88
可供出售金融资产		非流动负债:	
持有至到期投资		长期借款	
长期应收款		应付债券	
长期股权投资		其中:优先股	
投资性房地产		永续债	
固定资产	6 995 849.92	长期应付款	
累计折旧	921 316.18	专项应付款	
在建工程		预计负债	
工程物资		递延收益	
固定资产清理		递延所得税负债	
生产性生物资产		其他非流动负债	
油气资产		非流动负债合计	0.00

续表

资产	2018 年	负债和所有者权益（或股东权益）	2018 年
无形资产	728 900.00	负债合计	41 235 298.88
开发支出		所有者权益（或股东权益）：	
商誉		实收资本（或股本）	10 000 000.00
长期待摊费用		其他权益工具	
递延所得税资产		其中：优先股	
其他非流动资产		永续债	
非流动资产合计	6 803 433.74	资本公积	
		减：库存股	
		其他综合收益	
		盈余公积	1 899 176.69
		未分配利润	8 775 492.59
		所有者权益（或股东权益）合计	20 674 669.28
资产总计	61 909 968.16	负债和所有者权益（或股东权益）总计	61 909 968.16

实训四
成本管理岗

实 训 目 标

知 识 导 向

1. 了解成本管理岗的岗位职责。
2. 了解不同成本的构成和成本动因。
3. 理解作业成本法的含义。

能 力 追 求

1. 会分析各种作业成本的归属。
2. 会编制各种成本的预测表。
3. 会编制成本费用的明细表。
4. 会分析成本差异并找寻差异原因。

德 技 双 修

诚信为本,操守为重

人不信不立,不诚不行。立信,乃会计之本,诚信是会计人员最起码的职业操守,诚实守信是会计职业道德的灵魂。诚信为本,操守为重,坚持原则,不作假账。用真实的数据反映企业真实的经济业务状况,为企业利益相关者提供决策依据,参与企业经营管理。

岗位介绍

一、岗位描述

成本管理岗负责市场调查,了解市场情况,收集整理施工单位的信息和材料或设备的价格信息,负责组织分析不同阶段的成本构成和市场动态,为项目决策提供依据。

二、岗位职责

(1)编制成本管理计划,负责公司成本控制和跟踪。

(2)收集与成本相关的信息,协助部门经理拟定目标成本。

(3)掌握成本动态,收集行业价格信息,进行成本分析,编制报告。

(4)统计、核对和分析来自各部门成本相关的数据,进行成本核算与预算。

(5)使用标准成本法、作业成本法等,参与成本管理体系的建设,协助制订总体方案和实施办法。

(6)做好相关成本资料的整理、归档、数据库建立、查询和更新工作。

(7)负责成本目标落实中部门内外的协调和管理。

岗位资源

业务资源一:项目介绍和业务流程

项目介绍

开发商整装业务内容摘要	
项目	内容
开发商名称	×××地产有限责任公司
项目名称	2019年凤凰花园21栋整装项目
单元数	1单元、2单元,共两个单元
层数	20层
每层户型	每单元每层2居90平方米,3居110平方米各一套
装修方式	室内硬装(包括地面、墙面、天棚装修施工作业,含必要的门窗、厨卫设施安装)
材料供应方式	开发商(甲方)提供
合同单价(不含税)	两居2.5万元/套,三居3万元/套
合同总价	220万元

序号	业务流程	工作负责
1	商务活动	商务组
2	设计图制作	设计组
3	工程实施	施工组
4	工程验收	施工组
5	管理支持	公共部门

项目说明:(1)该项目实施作业成本法进行预算编制和成本归集分配,核算项目收益,进行成本分析。(2)以两、三居作为产品品种。(3)装修套数作为对应产品的产量。(4)该项目2019年4月当月开工,当月可完工。(5)因本项目工程作业量较少,项目不分期别,不分批次。

业务资源二:各种清单

资源清单

序号	资源名称	说明
1	交通费	商务组为签订合同发生
2	标书制作费	商务组为签约制作标书
3	人工成本	人工成本支出,可以对不同组分别核算人工成本
4	设备折旧	机器设备折旧费用
5	运输费用	施工组对设备工具、辅料、施工废物的运输处理
6	辅料费用	施工中用到的生料带、绝缘胶、膨胀丝、螺丝钉、防尘垫等辅助性消耗性材料
7	管理费摊销	税金及附加和期间费用摊销

作业清单

序号	类别	作业名称	说明	成本中心
1	商务活动类	签约	为获取订单发生的活动,包含投标、标书制作、合同签订等	商务组
2	设计制图	测量	为设计制图作业前发生的测量。不同楼层不同单元同户型房屋结构面积相同,测量人工工时可记录	设计组
3	设计制图	设计	不同户型需要不同设计,相同户型设计方案一致,设计人工工时可记录	设计组

实训四　成本管理岗

序号	类别	作业名称	说明	成本中心
4	工程施工	施工	投入作业量近似于装修面积增加而增加	施工组
5	工程施工	监理	投入作业量近似于装修面积增加而增加	施工组
6	工程验收	验收	投入作业量近似于装修面积增加而增加	施工组
7	管理支持类	管理支持	管理支持活动不易辨别与品种、批次、产量、客户哪种因素相关	公共部门

成本对象清单

序号	成本对象
1	单户两居
2	单户三居

成本动因清单

类型	成本动因	动因编码
资源动因	直接计入	R01
资源动因	人工工时	R02
资源动因	设备工时	R03
资源动因	装修面积	R04
资源动因	检验次数	R05
资源动因	收入额	R06
作业动因	收入额	A01
作业动因	人工工时	A02
作业动因	人工工天	A03
作业动因	检验次数	A04

业务资源三：资源和作业动因

资源动因（资源—作业）

项目	商务组	设计组		施工组			公共类
	签约	测量	设计	施工	监理	验收	管理支持
交通费	直接计入	—	—	—	—	—	—
标书制作费	直接计入	—	—	—	—	—	—
人工成本	人工工天	人工工时	人工工时	人工工天	人工工天	检验次数	—
设备折旧	—	设备工时	设备工时	设备工时	—	—	—

续表

项目	商务组	设计组		施工组			公共类
	签约	测量	设计	施工	监理	验收	管理支持
运输费用	—	—	—	直接计入	—	—	—
辅料费用	—	—	—	装修面积	—	—	—
管理费分摊	—	—	—	—	—	—	收入分摊

作业动因（作业—成本对象）

类别	作业名称	作业动因
商务活动类	签约	收入额
设计制图	测量	人工工时
设计制图	设计	人工工时
工程施工	施工	人工工天
工程施工	监理	人工工天
工程验收	验收	检验次数
管理支持	管理支持	收入额

业务资源四:项目作业量预测表

项目作业量预测表

编制单位：

作业中心	作业活动	成本动因	成本对象						合计
			两居			三居			
			单套作业	套数	小计	单套作业	套数	小计	
商务组	签约	收入额（万元）	2.50	40	100	3.00	40	120	220
设计组	测量	人工工时（小时）	8.00	1	8	10.00	1	10	18
	设计	人工工时（小时）	32.00	1	32	40.00	1	40	72
设计组	施工	人工工天（天）	60.00	40	2 400	70.00	40	2 800	5 200
	监理	人工工天（天）	2.00	40	80	2.00	40	80	160
	验收	检验次数（次）	6.00	40	240	7.00	40	280	520
公共类	管理支持	收入额（万元）	2.50	40	100	3.00	40	120	220

业务资源五：实际资源费用

2019 年 4 月资源费用明细表

成本中心	作业活动	资源费用	资源动因	总量	总费用（元）	项目用量	项目费用
商务组	签约	交通费	直接计入	—	6 000.00	—	2 000.00
		标书制作费	直接计入	—	5 000.00	—	1 300.00
		人工成本	人工工天（天）	46	20 700.00	6	2 700.00
		小计		—	—	—	6 000.00
设计组	测量	人工成本	人工工时（小时）	320	16 000.00	24	1 200.00
		设备折旧	设备工时（小时）	160	1 600.00	18	180.00
		小计		—	—	—	1 380.00
	设计	人工成本	人工工时（小时）	960	192 000.00	64	12 800.00
		设备折旧	设备工时（小时）	960	9 600.00	72	720.00
		小计		—	—	—	13 520.00
施工组	施工	人工成本	人工工天（天）	7 500	2 100 000.00	5440	1 523 200.00
		运输费用	直接计入	—	50 000.00	—	15 000.00
		设备折旧	设备工时（小时）	1 000	24 000.00	500	12 000.00
		辅料费用	装修面积（平方米）	1 2000	40 000.00	8000	26 666.67
		小计		—	—	—	1 576 866.67
	监理	人工成本	人工工天（天）	300	105 000.00	160	56 000.00
	验收	人工成本	检验次数（次）	1 000	50 000.00	520	26 000.00
公共部门	管理支持	管理费分摊	收入额	600	540 000.00	220	198 000.00

业务资源六：实际作业量

项目作业量统计表

编制单位：

作业中心	作业活动	成本动因	成本对象						合计
			两居			三居			
			单套作业	套数	小计	单套作业	套数	小计	
商务组	签约	收入额（万元）	2.50	40	100	3.00	40	120	220
设计组	测量	人工工时（小时）	10.00	1	10	14.00	1	14	24
	设计	人工工时（小时）	28.00	1	28	36.00	1	36	64
设计组	施工	人工工天（天）	64.00	40	2 560	72.00	40	2 880	5 440
	监理	人工工天（天）	2.00	40	80	2.00	40	80	160
	验收	检验次数（次）	6.00	40	240	7.00	40	280	520
公共类	管理支持	收入额（万元）	2.50	40	100	3.00	40	120	220

岗位任务

知识要点思维导图：

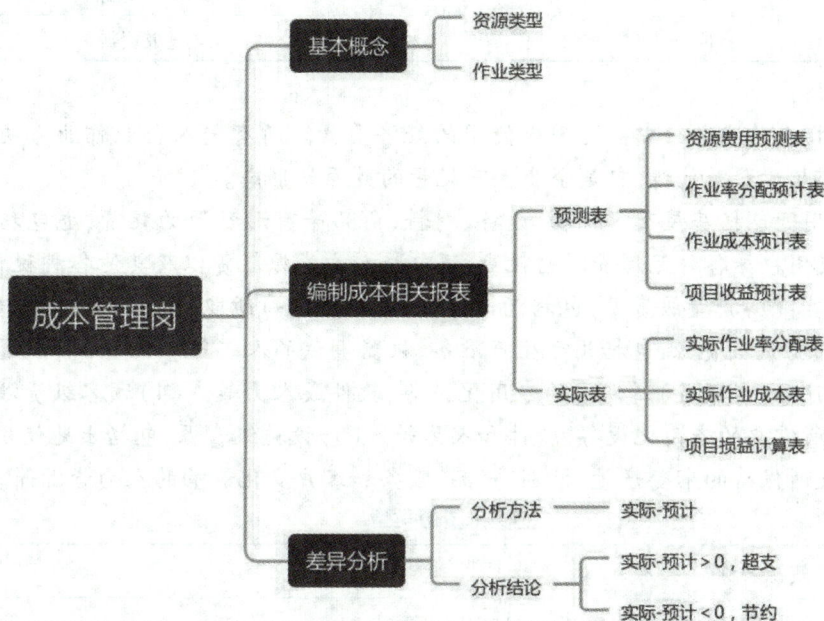

任务一：资源类型

任务描述：根据作业成本法相关理论和企业介绍中公共资源，分析下列资源属于什么类型资源，并将正确类型对应的字母序号填在答题区域。

资源类型

序号	资源名称	说明	资源类型
1	交通费	商务组为签订合同发生	
2	标书制作费	商务组为签约制作标书	
3	人工成本—商务组	可以准确计量为此次商务活动发生的作业天数	
4	人工成本—设计组	可以准确计量为此次两居、三居测量设计的作业时长	
5	人工成本—施工组	人工工天随装修面积增加而增加	
6	设备折旧—设计	设计测量用设备折旧	
7	设备折旧—施工	施工用设备折旧	
8	运输费用	施工组对设备工具、辅料、施工废物的运输处理	
9	辅料费用	施工中用到的生料带、绝缘胶、膨胀丝、螺丝钉、防尘垫等辅助性消耗性材料	
10	管理费摊销	税金及附加和期间费用摊销	

序号	资源类型
A	产量级资源
B	批别级资源
C	品种级资源
D	顾客级资源
E	设施级资源

答案详解：

资源是指在作业进行中被运用或使用的经济要素。所有进入企业作业系统的人力、物力、财力等都属于资源范畴，它是企业生产耗费的最原始形态。

资源费用既包括房屋及建筑物、设备、材料、商品等有形资源的耗费，也包括信息、知识产权、土地使用权等各种无形资源的耗费，还包括人力资源耗费以及其他各种税费支出等。

资源分类：(1)产量级资源，包括为单个产品(或服务)所取得的原材料、零部件、人工、能源等。(2)批别级资源，包括用于生产准备、机器调试的人工等。(3)品种级资源，包括为生产某一种产品(或服务)所需要的专用化设备、软件或人力等。(4)顾客级资源，包括为服务特定客户所需要的专门化设备、软件和人力等。(5)设施级资源，包括土地使用权、房屋及建筑物，以及所保持的不受产量、批别、产品、服务和客户变化影响的人力资源等。

资源类型

序号	资源名称	说明	资源类型
1	交通费	商务组为签订合同发生	D
2	标书制作费	商务组为签约制作标书	D
3	人工成本—商务组	可以准确计量为此次商务活动发生的作业天数	D
4	人工成本—设计组	可以准确计量为此次两居、三居测量设计的作业时长	C
5	人工成本—施工组	人工工天随装修面积增加而增加	A
6	设备折旧—设计	设计测量用设备折旧	C
7	设备折旧—施工	施工用设备折旧	A
8	运输费用	施工组对设备工具、辅料、施工废物的运输处理	D
9	辅料费用	施工中用到的生料带、绝缘胶、膨胀丝、螺丝钉、防尘垫等辅助性消耗性材料	A
10	管理费摊销	税金及附加和期间费用摊销	E

任务二：作业类型

任务描述：根据作业成本法相关理论和企业介绍中公共资源及本岗位资源，分析下列作业的类型，并将正确类型对应的字母序号填在答题区域。

序号	作业名称	资源类型
1	签约	
2	测量	
3	设计	
4	施工	
5	监理	
6	验收	
7	管理支持	

序号	作业类型
A	产量级作业
B	批别级作业
C	品种级作业
D	客户级作业
E	设施级作业

答案详解:

作业是指企业基于特定日的重复执行的任务或活动,是连接资源和成本对象的桥梁。一项作业既可以是一项非常具体的任务或活动,也可以泛指一类任务或活动。

作业分类(按照收益对象层次和重要性分类):(1)产量级作业,是指明确地为个别产品(或服务)实施的、使单个产品(或服务)受益的作业。该类作业的数量与产品(或服务)的数量成正比例变动,包括产品加工、检验等。(2)批别级作业,是指为一组(或一批)产品(或服务)实施的、使该组(或批)产品(或服务)受益的作业。该类作业的发生是由生产的批量数而不是单个产品(或服务)引起的,其数量与产品(或服务)的批量数成正比例变动,包括设备调试、生产准备等。(3)品种级作业,是指为生产和销售某种产品(或服务)实施的、使该种产品(或服务)的每个单位都受益的作业。该类作业用于产品(或服务)的生产或销售,但独立于实际产量或批量,其数量与品种的多少成正比例变动,包括新产品设计、现有产品质量与功能改进、生产流程监控、工艺变换需要的流程设计、产品广告等。(4)客户级作业,是指为服务特定客户所实施的作业。该类作业保证企业将产品(或服务)销售给个别客户,但作业本身与产品(或服务)数量独立,包括向个别客户提供的技术支持活动、咨询活动、独特包装等。(5)设施级作业,是指为提供生产产品(或服务)的基本能力而实施的作业。该类作业是开展业务的基本条件,其使所有产品(或服务)都受益,但与产量或销量无关,包括管理作业、针对企业整体的广告活动等。

作业类型

序号	作业名称	资源类型
1	签约	D
2	测量	C
3	设计	C
4	施工	A
5	监理	A
6	验收	A
7	管理支持	E

任务三:资源费用预测表

任务描述:根据企业介绍中公共资源、本岗位资源及题目条件,计算补全资源费用预测表。用量计算结果四舍五入保留整数,其余计算结果四舍五入保留两位小数。

2019 年 4 月资源费用预测表

成本中心	作业活动	资源费用	资源动因	总量	总费用(元)	项目用量	项目费用(元)
商务组	签约	交通费	直接计入	—	6 000.00	—	2 000.00
		标书制作费	直接计入	—	5 000.00	—	1 300.00
		人工成本	人工工天(天)	46	20 700.00	6	
		小计	—	—	—	—	
设计组	测量	人工成本	人工工时(小时)	320	16 000.00	18	
		设备折旧	设备工时(小时)	160	1 600.00	18	
		小计	—	—	—	—	
	设计	人工成本	人工工时(小时)	960	192 000.00	72	
		设备折旧	设备工时(小时)	960	9 600.00	72	
		小计	—	—	—	—	
施工组	施工	人工成本	人工工天(天)	7 000	1 750 000.00		
		运输费用	直接计入	—	40 000.00		10 000.00
		设备折旧	设备工时(小时)	1 000	24 000.00	500	
		辅料费用	装修面积(平方米)	16 000	40 000.00	8 000	
		小计	—	—	—	—	
	监理	人工成本	人工工天(天)	300	105 000.00		
	验收	人工成本	检验次数(次)	1 000	50 000.00		
公共类	管理支持	管理费分摊	收入额	500	480 000.00		

答案详解:"施工组/施工/人工成本—项目用量""施工组/监理/人工成本—项目用量""施工组/验收/人工成本—项目用量""公共类/管理支持/管理费用分摊—项目用量"数据来源于"业务资源四:项目作业量预测表"。

"项目费用"栏数据 = "总费用"/"总量"×"项目用量",例如,"商务组/签约/人工成本/人工工天(天)—项目费用(元)"= 20 700/46×6 = 2 700,其余计算同。

2019 年 4 月资源费用预测表

成本中心	作业活动	资源费用	资源动因	总量	总费用(元)	项目用量	项目费用(元)
商务组	签约	交通费	直接计入	—	6 000.00	—	2 000.00
		标书制作费	直接计入	—	5 000.00	—	1 300.00
		人工成本	人工工天(天)	46	20 700.00	6	2 700.00
		小计	—	—	—	—	6 000.00
设计组	测量	人工成本	人工工时(小时)	320	16 000.00	18	900.00
		设备折旧	设备工时(小时)	160	1 600.00	18	180.00
		小计	—	—	—	—	1 080.00
	设计	人工成本	人工工时(小时)	960	192 000.00	72	14 400.00
		设备折旧	设备工时(小时)	960	9 600.00	72	720.00
		小计	—	—	—	—	15 120.00
施工组	施工	人工成本	人工工天(天)	7000	1 750 000.00	5200	1 300 000.00
		运输费用	直接计入	—	40 000.00	—	10 000.00
		设备折旧	设备工时(小时)	1000	24 000.00	500	12 000.00
		辅料费用	装修面积(平方米)	16000	40 000.00	8 000	20 000.00
		小计	—	—	—	—	1 342 000.00
	监理	人工成本	人工工天(天)	300	105 000.00	160	56 000.00
	验收	人工成本	检验次数(次)	1000	50 000.00	520	26 000.00
公共类	管理支持	管理费分摊	收入额	500	480 000.00	220	211 200.00

任务四:资源—作业分配率预计表

任务描述:根据企业介绍中公共资源及本岗位资源,结合前面已完成的任务,完成作业分配率预计表。作业量计算结果四舍五入保留整数,其余计算结果四舍五入保留两位小数。

作业分配率预计表

成本中心	作业活动	作业动因	作业量	总费用(元)	分配率
商务组	签约	收入额(万元)			
设计组	测量	人工工时(小时)			
	设计	人工工时(小时)			

成本中心	作业活动	作业动因	作业量	总费用（元）	分配率
施工组	施工	人工工天（天）			
	监理	人工工天（天）			
	验收	检验次数（次）			
公共类	管理支持	收入额（万元）			

答案详解：数据来源于"业务资源九：项目作业量预测表""任务三：2019 年 4 月资源费用预测表"。

"作业量"栏数据来源于"业务资源四：项目作业量预测表"中"合计"一列对应的数据。

"总费用"栏数据来源于"任务三：2019 年 4 月资源费用预测表"中各成本中心项下"作业活动"对应的"小计—项目费用（元）"。

"分配率"栏数据 ＝ "总费用"／"作业量"，例如，"商务组/签约—分配率" ＝ 6 000.00／220 ＝ 27.27，其余计算同。

作业分配率预计表

成本中心	作业活动	作业动因	作业量	总费用（元）	分配率
商务组	签约	收入额（万元）	220	6 000.00	27.27
设计组	测量	人工工时（小时）	18	1 080.00	60.00
	设计	人工工时（小时）	72	15 120.00	210.00
施工组	施工	人工工天（天）	5200	1 342 000.00	258.08
	监理	人工工天（天）	160	56 000.00	350.00
	验收	检验次数（次）	520	26 000.00	50.00
公共类	管理支持	收入额（万元）	220	211 200.00	960.00

任务五：作业成本预计表

任务描述：根据企业介绍中公共资源及本岗位资源，结合前面已完成的任务，计算完成作业成本预计表。计算过程以完整小数位数引用计算，作业量计算结果四舍五入保留整数，其余结果四舍五入保留两位小数。

作业成本预计表

成本中心	作业活动	作业动因	分配率	两居		三居	
				作业量	作业成本（元）	作业量	作业成本（元）
商务组	签约	收入额（万元）					
设计组	测量	人工工时（小时）					
	设计	人工工时（小时）					

成本中心	作业活动	作业动因	分配率	两居		三居	
				作业量	作业成本(元)	作业量	作业成本(元)
施工组	施工	人工工天(天)					
	监理	人工工天(天)					
	验收	检验次数(天)					
公共类	管理支持	收入额(万元)					
作业成本合计	—	—	—	—		—	

答案详解:数据来源于"业务资源四:项目作业量预测表""任务四:作业分配率预计表"。

"分配率"栏数据来源于"任务四:作业分配率预计表"中"分配率"一列。

"两居/作业量"栏数据来源于"业务资源四:项目作业量预测表"中"作业对象/两居/小计"一列。

"三居/作业量"栏数据来源于"业务资源四:项目作业量预测表"中"作业对象/三居/小计"一列。

"两居/作业成本(元)"栏数据="分配率"ד两居/作业量"。例如,"商务组/签约 – 两居/作业成本(元)"= 27.27 × 100 = 2 727.27,其余计算同。

"三居/作业成本(元)"栏数据="分配率"ד三居/作业量"。例如,"商务组/签约 – 三居/作业成本(元)"= 27.27 × 120 = 3 272.73,其余计算同。

作业成本预计表

成本中心	作业活动	作业动因	分配率	两居		三居	
				作业量	作业成本(元)	作业量	作业成本(元)
商务组	签约	收入额(万元)	27.27	100	2 727.27	120	3 272.73
设计组	测量	人工工时(小时)	60.00	8	480.00	10	600.00
	设计	人工工时(小时)	210.00	32	6 720.00	40	8 400.00
施工组	施工	人工工天(天)	258.08	2400	619 384.62	2800	722 615.38
	监理	人工工天(天)	350.00	80	28 000.00	80	28 000.00
	验收	检验次数(天)	50.00	240	12 000.00	280	14 000.00
公共类	管理支持	收入额(万元)	960.00	100	96 000.00	120	115 200.00
作业成本合计	—	—	—		765 311.89		892 088.11

任务六:收益预计表

任务描述:根据企业介绍资源及本岗位资源,结合前面已完成的任务,计算完成项目收

实训四 成本管理岗

益预计表,计算过程以完整小数位数引用计算,套数计算结果以四舍五入保留整数,其余计算结果四舍五入保留两位小数。"利润率"以%表示,计算结果以四舍五入保留两位小数的百分数填列,如"3.50%"。

注:此处利润为营业利润,利润率为营业利润率。公司本月预计不会发生减值损失、投资损益、资产处置损益等。

项目收益预计表

单位:元

项目	两居	三居	合计
套数			
收入合计			
成本合计			
利润			
单套收入			—
单套成本			—
单套利润			—
利润率			

答案详解:数据来源于"业务资源一:项目介绍"、"任务五:作业成本预计表"。

"套数"栏数据来源于"业务资源一:项目介绍"中"单元数:共两个单元""层数:20层""每层户型:每单元每层2居90平方米,3居110平方米各一套",因此"套数—两居"=40,"套数—三居"=40。

"收入合计"栏数据="套数"×"合同单价(不含税)"。"合同单价(不含税)"数据来源于"业务资源一:项目介绍"中"合同单价(不含税):两居2.5万元/套,三居3万元/套"。

"成本合计"栏数据来源于"任务五:作业成本预计表"中"作业成本合计"。

"利润"栏数据=本表"收入合计"−"成本合计"。例如,"利润—两居"=1 000 000.00−765 311.89=234 688.11,其余计算同。

"单套收入"栏数据来源于"业务资源一:项目介绍"中"合同单价(不含税):两居2.5万元/套,三居3万元/套"。

"单套成本"栏数据=本表"成本合计"/"套数"。例如,"单套成本—两居"=765 311.89/40=19 132.80,其余计算同。

"单套利润"栏数据=本表"单套收入"−"单套成本"。例如,"单套利润—两居"=25 000.00−19 132.80=5 867.20,其余计算同。

"利润率"栏数据=本表"利润"/"收入合计"。例如,"利润率—两居"=234 688.11/1 000 000.00=23.47%,其余计算同。

项目收益预计表

项目	两居	三居	合计
套数(套)	40	40	80
收入合计(元)	1 000 000.00	1 200 000.00	2 200 000.00
成本合计(元)	765 311.89	892 088.11	1 657 400.00
利润(元)	234 688.11	307 911.89	542 600.00
单套收入(元)	25 000.00	30 000.00	—
单套成本(元)	19 132.80	22 302.20	—
单套利润(元)	5 867.20	7 697.80	—
利润率	23.47%	25.66%	24.66%

任务七:实际作业分配率

任务描述:根据企业介绍中公共资源及本岗位资源,结合前面已完成的任务,计算完成实际作业分配率计算表,作业量结果四舍五入保留整数,其余结果四舍五入保留两位小数。

实际作业分配率计算表

成本中心	作业活动	作业动因	作业量	总费用(元)	分配率
商务组	签约	收入额(万元)			
设计组	测量	人工工时(小时)			
	设计	人工工时(小时)			
施工组	施工	人工工天(天)			
	监理	人工工天(天)			
	验收	检验次数(天)			
公共类	管理支持	收入额(万元)			

答案详解:数据来源于"业务资源五:2019年4月资源费用明细表"、"业务资源六:项目作业量统计表"。

"作业量"栏数据来源于"业务资源六:项目作业量统计表"中"合计"一列。

"总费用(元)"栏数据来源于"业务资源五:2019年4月资源费用明细表"中各成本中心项下"作业活动"对应的"小计—项目费用"。

"分配率"栏数据="总费用(元)"/"作业量",例如,"商务组/签约—分配率"=6 000.00/220=27.27,其余计算同。

实际作业分配率计算表

成本中心	作业活动	作业动因	作业量	总费用（元）	分配率
商务组	签约	收入额（万元）	220	6 000	27.27
设计组	测量	人工工时（小时）	24	1 380	57.50
	设计	人工工时（小时）	64	13 520	211.25
施工组	施工	人工工天（天）	5440	1 576 866.67	289.87
	监理	人工工天（天）	160	56 000	350.00
	验收	检验次数（天）	520	26 000	50.00
公共类	管理支持	收入额（万元）	220	198 000	900.00

任务八：作业成本计算表

任务描述：根据企业介绍中公共资源及本岗位资源，结合前面已完成的任务，计算完成实际作业成本计算表，计算过程以完整小数位数引用计算，作业量结果四舍五入保留整数，其余结果四舍五入保留两位小数。

作业成本计算表

成本中心	作业活动	作业动因	分配率	两居		三居	
				作业量	作业成本（元）	作业量	作业成本（元）
商务组	签约	收入额（万元）					
设计组	测量	人工工时（小时）					
	设计	人工工时（小时）					
施工组	施工	人工工天（天）					
	监理	人工工天（天）					
	验收	检验次数（天）					
公共类	管理支持	收入额（万元）					
作业成本合计	—	—		—		—	

答案详解：数据来源于"任务七：实际作业分配率计算表""业务资源六：项目作业量统计表"。

"分配率"栏数据来源于"任务七：实际作业分配率计算表"中"分配率"一列。

"两居/作业量"栏数据来源于"业务资源六：项目作业量统计表"中"成本对象/两居/小计"一列。

"两居/作业成本（元）"栏数据＝本表"分配率"×"两居/作业量"。例如，"商务组/签约－两居/作业成本（元）"＝27.27×100＝2 727.27，其余计算同。

"三居/作业量"栏数据来源于"业务资源六：项目作业量统计表"中"成本对象/三居/小计"一列。

"三居/作业成本(元)"栏数据＝本表"分配率"×"三居/作业量"。例如,"商务组/签约—三居/作业成本(元)"＝27.27×120＝3 272.73,其余计算同。

作业成本计算表

成本中心	作业活动	作业动因	分配率	两居		三居	
				作业量	作业成本(元)	作业量	作业成本(元)
商务组	签约	收入额(万元)	27.27	100	2 727.27	120	3 272.73
设计组	测量	人工工时(小时)	57.50	10	575.00	14	805.00
	设计	人工工时(小时)	211.25	28	5 915.00	36	7 605.00
施工组	施工	人工工天(天)	289.87	2 560	742 054.90	2 880	834 811.77
	监理	人工工天(天)	350.00	80	28 000.00	80	28 000.00
	验收	检验次数(天)	50.00	240	12 000.00	280	14 000.00
公共类	管理支持	收入额(万元)	900.00	100	90 000.00	120	108 000.00
作业成本合计	—	—	—		881 272.18		996 494.49

任务九:项目损益计算表

任务描述:根据企业介绍中公共资源及本岗位资源,结合前面已完成的任务,计算完成项目损益计算表,计算过程以完整小数位数引用计算,套数计算结果四舍五入保留整数填制,其余计算结果四舍五入保留两位小数填制,"利润率计算结果以%形式四舍五入保留两位小数的百分数填列,如1.00%。

注:此处利润为营业利润,利润率为营业利润率。公司本月实际未发生减值损失、投资损益、资产处置损益等。(取值与其他岗位无关)

项目损益计算表

项目	两居	三居	合计
套数(套)			
收入合计(元)			
成本合计(元)			
利润(元)			
单套收入(元)			—
单套成本(元)			—
单套利润(元)			—
利润率			

答案详解:数据来源于"业务资源一:项目介绍""任务八:作业成本计算表"。

"套数"栏数据来源于"业务资源一:项目介绍"中"单元数:共两个单元""层数:20 层""每层户型:每单元每层 2 居 90 平米,3 居 110 平米各一套",因此"套数—两居"=40,"套数—三居"=40。

"收入合计"栏数据="套数"×"合同单价(不含税)"。"合同单价(不含税)数据来源于"业务资源一:项目介绍"中"合同单价(不含税):两居 2.5 万元/套,三居 3 万元/套"。

"成本合计"栏数据来源于"任务八:作业成本计算表"中"作业成本合计"。

"利润"栏数据=本表"收入合计"-"成本合计"。例如,"利润—两居"=1 000 000.00-881 272.18=118 727.82,其余计算同。

"单套收入"栏数据来源于"业务资源一:项目介绍"中"合同单价(不含税):两居 2.5 万元/套,三居 3 万元/套"。

"单套成本"栏数据=本表"成本合计"/"套数"。例如,"单套成本—两居"=881 272.18/40=22 031.80,其余计算同。

"单套利润"栏数据=本表"单套收入"-"单套成本"。例如,"单套利润—两居"=25 000.00-22 031.80=2 968.20,其余计算同。

"利润率"栏数据=本表"利润"/"收入合计"。例如,"利润率—两居"=118 727.82/1 000 000.00=11.87%,其余计算同。

项目损益计算表

项目	两居	三居	合计
套数(套)	40	40	80
收入合计(元)	1 000 000.00	1 200 000.00	2 200 000.00
成本合计(元)	881 272.18	996 494.49	1 877 766.67
利润(元)	118 727.82	203 505.51	322 233.33
单套收入(元)	25 000.00	30 000.00	—
单套成本(元)	22 031.80	24 912.36	—
单套利润(元)	2 968.20	5 087.64	—
利润率	11.87%	16.96%	14.65%

任务十:项目成本差异分析表

任务描述:根据企业介绍中公共资源及本岗位资源,结合前面已完成的任务,完成下列盈利差异分析,计算过程以完整小数位数引用计算,套数计算结果四舍五入取整,其余计算结果四舍五入保留两位小数。

盈利差异分析表

项目	两居			三居			合计		
	实际	预计	差异	实际	预计	差异	实际	预计	差异
套数（套）									
收入合计（元）									
成本合计（元）									
总利润（元）									
单套收入（元）							—	—	—
单套成本（元）							—	—	—
单套利润（元）							—	—	—
利润率									

答案详解：数据来源于"任务六：项目收益预计表""任务九：项目损益计算表"。

"两居—实际""三居—实际""合计—实际"栏数据来源于"任务九：项目损益计算表"中对应"两居""三居""合计"栏次数据。

"两居—预计""三居—预计""合计—预计"栏数据来源于"任务六：项目收益预计表"中对应"两居""三居""合计"栏次数据。

"差异"栏数据＝本表"实际"－"预计"。例如，"套数/两居—差异"＝40－40＝0，其余计算同。

盈利差异分析表

项目	两居			三居			合计		
	实际	预计	差异	实际	预计	差异	实际	预计	差异
套数（套）	40	40	0	40	40	0	80	80	0
收入合计（元）	1 000 000.00	1 000 000.00	0.00	1 200 000.00	1 200 000.00	0.00	2 200 000.00	2 200 000.00	0.00
成本合计（元）	881 272.18	765 311.89	115 960.29	996 494.49	892 088.11	104 406.38	1 877 766.67	1 657 400.00	220 366.67
总利润（元）	118 727.82	234 688.11	－ 115 960.29	203 505.51	307 911.89	－ 104 406.38	322 233.33	542 600.00	－ 220 366.67
单套收入（元）	25 000.00	25 000.00	0.00	30 000.00	30 000.00	0.00	—	—	—
单套成本（元）	22 031.80	19 132.80	2 899.01	24 912.36	22 302.20	2 610.16	—	—	—
单套利润（元）	2 968.20	5 867.20	－ 2 899.01	5 087.64	7 697.80	－ 2 610.16	—	—	—
利润率	11.87%	23.47%	－ 11.60%	16.96%	25.66%	－ 8.70%	14.65%	24.66%	－ 10.02%

任务十一：项目成本差异分析表

任务描述：根据企业介绍中公共资源及本岗位资源，结合前面已完成的任务，完成下列成本差异分析，计算过程以完整小数位数引用计算，作业量计算结果四舍五入取整，其余计算结果四舍五入保留两位小数。

成本差异明细分析

成本中心	作业活动	作业动因	作业量			总费用(元)			分配率		
			实际	预计	差异	实际	预计	差异	实际	预计	差异
商务组	签约	收入额(万元)									
设计组	测量	人工工时(小时)									
	设计	人工工时(小时)									
施工组	施工	人工工天(天)									
	监理	人工工天(天)									
	验收	检验次数(天)									
公共类	管理支持	收入额(万元)									

答案详解: 数据来源于"任务四:作业分配率预计表""任务七:实际作业分配率计算表"。

"作业量—实际""总费用(元)—实际""分配率—实际"栏数据来源于"任务七:实际作业分配率计算表"中对应"作业量""总费用(元)""分配率"栏次数据。

"作业量—预计""总费用(元)—预计""分配率—预计"栏数据来源于"任务四:作业分配率预计表"中对应"作业量""总费用(元)""分配率"栏次数据。

"差异"栏数据 = 本表"实际"—"预计"。例如,"商务组/签约—作业量/差异" = 220 - 220 = 0,其余计算同。

成本差异明细分析

成本中心	作业活动	作业动因	作业量			总费用(元)			分配率		
			实际	预计	差异	实际	预计	差异	实际	预计	差异
商务组	签约	收入额(万元)	220	220	0	6 000.00	6 000.00	0.00	27.27	27.27	0.00
设计组	测量	人工工时(小时)	24	18	6	1 380.00	1 080.00	300.00	57.50	60.00	-2.50
	设计	人工工时(小时)	64	72	-8	13 520.00	15 120.00	-1 600.00	211.25	210.00	1.25
施工组	施工	人工工天(天)	5440	5200	240	1 576 866.67	1 342 000.00	234 866.67	289.87	258.08	31.79
	监理	人工工天(天)	160	160	0	56 000.00	56 000.00	0.00	350.00	350.00	0.00
	验收	检验次数(天)	520	520	0	26 000.00	26 000.00	0.00	50.00	50.00	0.00
公共类	管理支持	收入额(万元)	220	220	0	198 000.00	211 200.00	-13 200.00	900.00	960.00	-60.00

任务十二:项目成本差异分析表

任务描述: 根据企业介绍中公共资源及本岗位资源,结合前面已完成的任务,完成下列成本差异性质分析,如成本差异为有利差异,差异性质填" + ",不利差异填" - ",中性差异填"0"(零)。

成本差异分析表

作业活动	成本差异性质
签约	
测量	
设计	
施工	
监理	
验收	
管理支持	

注:成本超支不利差异" - ",成本节约有利差异" + ",成本中性差异"0"。

答案详解:数据来源于"任务十一:成本差异明细分析"。

参照"任务十一:成本差异明细分析"中"总费用/差异"一列数据填写。作业活动"总费用/差异"计算结果为"0",对应"成本差异性质"填写"0";作业活动"总费用/差异"计算结果为正数,代表"成本超支",对应"成本差异性质"填写" - ";作业活动"总费用/差异"计算结果为负数,代表"成本节约",对应"成本差异性质"填写" + "。

成本差异分析表

作业活动	成本差异性质
签约	0
测量	–
设计	+
施工	–
监理	0
验收	0
管理支持	+

注:成本超支不利差异" - ",成本节约有利差异" + ",成本中性差异"0"

任务十三:项目成本差异分析表

任务描述:根据前面的分析,选出造成成本超支最主要的原因。(填写分母序号)

造成成本超支最主要的原因为	
A	签约成本超支
B	监理成本过高
C	施工人工成本超支
D	管理支持成本过高

答案详解：数据来源于"任务十二：成本差异分析表"。

造成成本超支的两项作业活动是："测量"和"施工"。对应本题目给出的选项，"C 施工人工成本超支"符合条件。

造成成本超支最主要的原因为	C
A	签约成本超支
B	监理成本过高
C	施工人工成本超支
D	管理支持成本过高

实训五
绩效管理岗

实训目标

知识导向

1. 了解绩效管理岗的岗位职责。
2. 理解平衡计分卡的构成。
3. 熟记投资资本回报率、息税前利润、资产负债率等财务指标的公式。

能力追求

1. 能独立填写投资资本回报率表、经济增加值计算表等。
2. 掌握杜邦分析的步骤。
3. 编制综合业绩报告、经营分析报告等。
4. 填写盈利分析表、绩效评价表并进行绩效考核。

德技双修

客观公正,不偏不倚

对会计职业活动而言,应以实际发生的经济活动为依据,对会计事项进行确认、计量、记录和报告;核算要准确,记录要可靠,凭证要合法。在履行会计职能时,摒弃单位、个人私利,公平公正,不偏不倚地对待相关利益各方。

岗位介绍

一、岗位描述

绩效管理岗主要是根据公司发展规划,建立绩效与激励管理流程,并积极推进绩效及激励方案的执行,确保目标的有效达成,通过数据分析为业务团队提供数据支持。

二、岗位职责

(1)借助平衡计分卡等方法,建设和完善绩效考核体系,实施绩效考核流程。

(2)下达绩效考核的财务指标,收集整理部门考核指标和考核表。

(3)组织、收集汇总经济增加值、资本成本率等衡量数据,计算部门、个人绩效考核结果,建立绩效档案;

(4)准确理解绩效与 HR 各模块之间的关系,落实应用考核结果。

(5)处理被考核者的投诉、复议申请及相关后续工作。

岗位任务

知识要点思维导图:

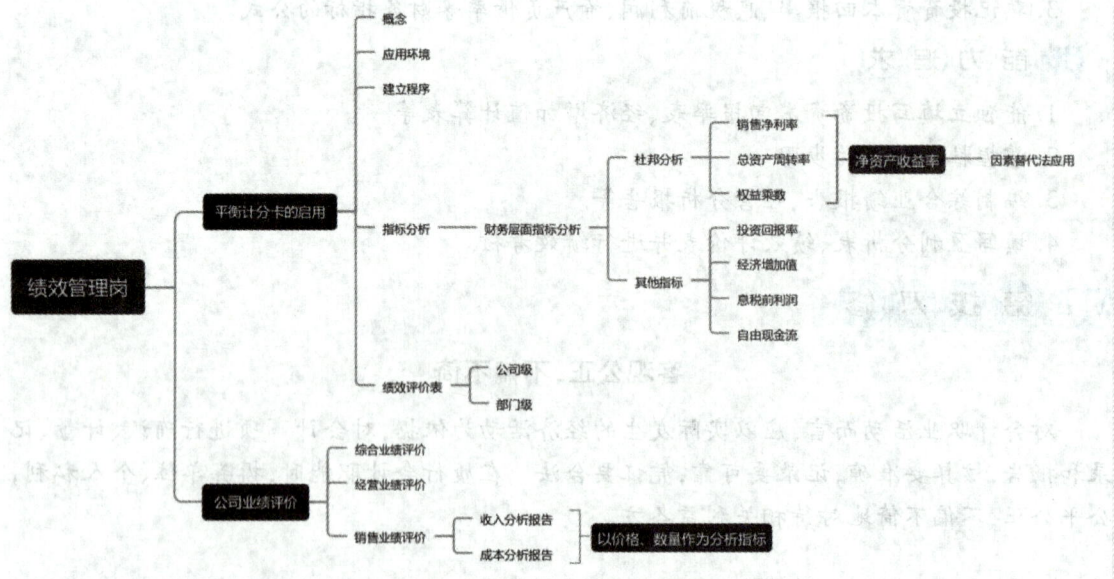

任务一:BSC 应用环境

任务描述:如何使平衡计分卡更好地应用于企业,需要考虑以下哪些方面?(请在正确选项后面画"√"）

	选项	答案
A	具有创新精神、变革精神的企业文化有助于成功实施平衡计分卡	
B	平衡计分卡中不能只有具体的业绩衡量指标,还应包括这些具体衡量指标的驱动因素	
C	企业应注重员工学习与成长能力的提升,以更好地实现平衡计分卡的财务、客户、内部业务流程目标,使战略目标贯彻到每一名员工的日常工作中。	
D	有效的平衡计分卡,要以学习成长能力衡量指标为核心	

答案详解: 有效的平衡计分卡,不仅仅是业绩衡量指标的结合,而是各个指标之间应该互相联系、互相补充,围绕企业战略所建立的因果关系链,应当贯穿于平衡计分卡的四个方面,即财务、顾客、内部业务流程、学习成长能力。

	选项	答案
A	具有创新精神、变革精神的企业文化有助于成功实施平衡计分卡	√
B	平衡计分卡中不能只有具体的业绩衡量指标,还应包括这些具体衡量指标的驱动因素	√
C	企业应注重员工学习与成长能力的提升,以更好地实现平衡计分卡的财务、客户、内部业务流程目标,使战略目标贯彻到每一名员工的日常工作中。	√
D	有效的平衡计分卡,要以学习成长能力衡量指标为核心	×

任务二:BSC 建立程序

任务描述: 根据企业介绍中公共资源及本岗位资源,结合所学平衡计分卡知识说明建立平衡计分卡的程序,对下列任务进行排序,请用序号 1~7 分别排列。

项目	序号
编制绩效评价	
制订战略地图	
实施绩效评价与激励	
制订战略性行动方案	
制订以平衡计分卡为核心的绩效计划	
执行绩效计划与激励计划	
制订激励计划	

答案详解: 建立平衡计分卡的程序:制订战略地图、制订以平衡计分卡为核心的绩效计划、制订激励计划、制订战略性行动方案、执行绩效计划与激励计划、实施绩效评价与激励、编制绩效评价。

项目	序号
编制绩效评价	7
制订战略地图	1
实施绩效评价与激励	6
制订战略性行动方案	4
制订以平衡计分卡为核心的绩效计划	2
执行绩效计划与激励计划	5
制订激励计划	3

任务三:投资资本回报率计算表

任务描述:根据企业介绍中公共资源,准确计算投资资本回报率。(其中,损益项目填写年度数据,资产负债表项目填写期初和期末数,计算结果以四舍五入两位小数填列)

投资资本回报率计算表

编制单位:　　　　　　　　　　　　　　　　　　　　　　　　　　单位:元

指标名称	2017 年		2018 年	
	期初	期末	期初	期末
利润总额				
所得说				
利息支出				
短期借款				
应付票据				
长期借款				
应付债券				
所有者(股东)权益				
投资资本回报率				

制表人:　　　　　　　　　　　　　　　　　　　　　　　　复核人:

答案详解:数据来源于×××装饰有限公司 2016 年度、2017 年度、2018 年度资产负债表和利润表。具体引用报表数据如下:

	2016 年	2017 年	2018 年
短期借款(元)	5 850 008.37	3 648 332.60	2 800 000.00
应付票据(元)			
长期借款(元)			
应付债券(元)			
所有者权益(或股东权益)合计(元)	14 022 749.08	17 584 268.63	20 674 669.28

	2016 年	2017 年	2018 年
利润总额	5 867 960.57	8 666 637.19	9 333 128.83
所得税费用	1 466 990.14	1 447 668.21	1 961 301.56
财务费用	175 500.25	129 449.98	124 000.00

"投资资本回报率"=息前税后经营利润/(负债+所有者权益)。

"息前税后经营利润"=本表"利润总额"-"所得税"+"利息支出"。

"负债+所有者权益"=本表"短期借款"+"所有者(股东)权益"(注意:"负债+所有者权益"用年度平均数计算)。

例如,"投资资本回报率-2017 年"=(8 666 637.19-1 447 668.21+129 449.98)/{[(585 008.37+14 022 749.08)+(3 648 332.60+17 584 268.63)]/2}=35.75%,2018年计算同。

投资资本回报率计算表

编制单位:

指标名称	2017 年		2018 年	
	期初	期末	期初	期末
利润总额(元)	8 666 637.19		9 333 128.83	
所得税(元)	1 447 668.21		19 611 301.56	
利息支出(元)	129 449.98		124 000	
短期借款(元)	585 008.37	3 648 332.60	3 648 332.60	2 800 000.00
应付票据(元)	0.00	0.00	0.00	0.00
长期借款(元)	0.00	0.00	0.00	0.00
应付债券(元)	0.00	0.00	0.00	0.00
所有者(股东)权益(元)	14 022 749.08	17 584 268.63	17 584 268.63	20 674 669.28
投资资本回报率	35.75%		33.53%	

制表人:　　　　　　　　　　　　　　　　　　　　　　　　复核人:

任务四:净资产收益率计算表

任务描述:根据企业介绍中公共资源,准确计算净资产收益率。(其中,损益项目填写年度数据,资产负债表项目填写期初和期末数,计算结果以四舍五入两位小数填列)

净资产收益率计算表

编制单位:

指标名称	2017 年		2018 年	
	期初	期末	期初	期末
净利润(元)				
所有者(股东)权益(元)				
净资产收益率计算				

制表人:　　　　　　　　　　　　　　　　　　　　　　　　复核人:

答案详解：数据来源于×××装饰有限公司2016年度、2017年度、2018年度资产负债表和利润表。具体引用报表数据如下：

	2016 年	2017 年	2018 年
净利润（净亏损以"－"号填列）（元）	4 400 970.43	7 218 968.98	7 371 827.27
所有者权益（或股东权益）合计（元）	14 022 749.08	17 584 268.63	20 674 669.28

"净资产收益率"="净利润"/"净资产"（"净资产"用年度平均数计算）。

例如，"净资产收益率计算－2017年"=7 218 968.98/[（14 022 749.08＋17 584 268.63）/2]＝45.68%，2018年计算同。

净资产收益率计算表

编制单位：

指标名称	2017 年		2018 年	
	期初	期末	期初	期末
净利润（元）	7 218 968.98		7 371 827.27	
所有者（股东）权益（元）	14 022 749.08	17 584 268.63	17 584 268.63	20 674 669.28
净资产收益率计算	45.68%		38.54%	

制表人：　　　　　　　　　　　　　　　　　　　　　　　复核人：

任务五：经济增加值计算表

任务描述：根据企业介绍中公共资源，准确计算经济增加值。（其中，损益项目填写年度数据，资产负债表项目填写期初和期末数，计算结果以四舍五入两位小数填列）

经济增加值计算表

编制单位：

指标名称	2017 年		2018 年	
	期初	期末	期初	期末
净利润（元）				
所得税率（%）				
利息支出（元）				
短期借款（元）				
应付票据（元）				
长期借款（元）				
应付债券（元）				
所有者（股东）权益（元）				
加权平均资本成本				
经济增加值计算（元）				

制表人：　　　　　　　　　　　　　　　　　　　　　　　复核人：

注：所得税率为25%，加权平均资本成本，需要根据资金管理岗任务九的答案来完成。

答案详解：数据来源于×××装饰有限公司2016年度、2017年度、2018年度资产负债表和利润表，任务三和任务四已列示。加权平均资本成本为7%。

"经济增加值"＝税后净营业利润－资本成本＝税后净营业利润－调整后资本×平均资本成本率。

其中，税后净营业利润＝净利润＋（利息支出＋研究开发费用调整项）×（1－25%），

调整后资本＝平均所有者权益＋平均负债合计－平均无息流动负债－平均在建工程。

例如，本任务中，2017年税后净营业利润＝7 218 968.98＋129 449.98（1－25%）＝7 316 056.465；2017年调整后资本＝（14 022 749.08＋17 584 268.63）/2＋（5 850 008.37＋3 648 332.60）/2＝20 552 679.34；所以"经济增加值计算－2017年"＝7 316 056.465－20 552 679.34×7%＝5 877 368.91，2018年计算同。

经济增加值计算表

编制单位：

指标名称	2017 年		2018 年	
	期初	期末	期初	期末
净利润(元)	7 218 968.98		7 371 827.27	
所得税率(%)	25.00%		25.00%	
利息支出(元)	129 449.98		124 000.00	
短期借款(元)	5 850 008.37	3 648 332.60	3 648 332.60	2 800 000.00
应付票据(元)	0.00	0.00	0.00	0.00
长期借款(元)	0.00	0.00	0.00	0.00
应付债券(元)	0.00	0.00	0.00	0.00
所有者(股东)权益(元)	14 022 749.08	17 584 268.63	17 584 268.63	20 674 669.28
加权平均资本成本	7.00%		7.00%	
经济增加值计算(元)	5 877 368.91		5 900 072.80	

制表人：   复核人：

注：所得税率为25%，加权平均资本成本，需要根据资金管理岗任务九的答案来完成。

任务六：息税前利润计算表

任务描述：根据企业介绍中公共资源，准确计算息税前利润。（其中，损益项目填写年度数据，资产负债表项目填写期初和期末数，计算结果以四舍五入两位小数填列）

息税前利润计算表

编制单位：　　　　　　　　　　　　　　　　　　　　　　　　　　　　单位:元

指标名称	2017 年	2018 年
利润总额		
利息支出		
息税前利润计算		

制表人：　　　　　　　　　　　　　　　　　　　　　　　　　　　　复核人：

答案详解:数据来源于×××装饰有限公司 2017 年度、2018 年度利润表,任务三和任务四已列示。

"息税前利润"=本表"利润总额"+"利息支出"。

例如,"息税前利润计算—2017 年"= 8 666 637.19 + 129 449.98 = 8 796 087.17,2018年计算同。

息税前利润计算表

编制单位：　　　　　　　　　　　　　　　　　　　　　　　　　　　　单位:元

指标名称	2017 年	2018 年
利润总额	8 666 637.19	9 333 128.83
利息支出	129 449.98	124 000.00
息税前利润计算	8 796 087.17	9 457 128.83

制表人：　　　　　　　　　　　　　　　　　　　　　　　　　　　　复核人：

任务七:自由现金流计算表

任务描述:根据企业介绍中公共资源,准确计算自由现金流。(其中,损益项目填写年度数据,资产负债表项目填写期初和期末数,计算结果以四舍五入两位小数填列)

自由现金流计算表

编制单位：　　　　　　　　　　　　　　　　　　　　　　　　　　　　单位:元

指标名称	2017 年	2018 年
经营活动净现金流		
付现资本性支出		
自由现金流计算		

制表人：　　　　　　　　　　　　　　　　　　　　　　　　　　　　复核人：

答案详解:数据来源于×××装饰有限公司 2017 年度、2018 年度现金流量表。具体引用报表数据如下:

	2017 年	2018 年
经营活动产生的现金流量净额	3 166 315.83	1 592 186.62
投资活动现金流出小计	707 442.26	390 406.66

"自由现金流"=本表"经营活动净现金流"-"付现资本性支出"。

例如,"自由现金流计算—2017 年"=3 166 315.83－707 442.26＝2 458 873.57,2018 年计算同。

自由现金流计算表

编制单位: 　　　　　　　　　　　　　　　　　　　　　　　　　　　　　单位:元

指标名称	2017 年	2018 年
经营活动净现金流	3 166 315.83	1 592 186.62
付现资本性支出	707 442.26	390 406.66
自由现金流计算	2 458 873.57	1 201 779.96

制表人: 　　　　　　　　　　　　　　　　　　　　　　　　　　　　　复核人:

任务八:资产负债率计算表

任务描述:根据企业介绍中公共资源,准确计算资产负债率。(其中,损益项目填写年度数据,资产负债表项目填写期初和期末数,计算结果以四舍五入两位小数填列)

资产负债率计算表

编制单位:

指标名称	2017 年	2018 年
资产总额(元)		
负债总额(元)		
资产负债率		

制表人: 　　　　　　　　　　　　　　　　　　　　　　　　　　　　　复核人:

答案详解:数据来源于×××装饰有限公司 2017、2018 年度资产负债表。具体引用报表数据如下:

	2017 年	2018 年
资产总计	52 661 351.33	61 909 968.16
负债合计	35 077 082.70	41 235 298.88

"资产负债率"=本表"负债合计"/"资产总计"。

例如,"资产负债率—2017 年"=35 077 082.70/52 661 351.33＝66.61%,2018 年计算同。

资产负债率计算表

编制单位:

指标名称	2017 年	2018 年
资产总额(元)	52 661 351.33	61 909 968.16
负债总额(元)	35 077 082.70	41 235 298.88
资产负债率	66.61%	66.61%

制表人: 　　　　　　　　　　　　　　　　　　　　　　　　　　　　　复核人:

任务九：总资产周转率计算表

任务描述：根据企业介绍中公共资源，准确计算总资产周转率。（其中，损益项目填写年度数据，资产负债表项目填写期初和期末数，计算结果以四舍五入两位小数填列）

总资产周转率计算表

编制单位：

指标名称	2017 年		2018 年	
	期初	期末	期初	期末
营业收入（元）				
资产总额（元）				
总资产周转率计算				

制表人：   复核人：

答案详解：数据来源于×××装饰有限公司 2016 年度、2017 年度、2018 年度资产负债表和利润表。具体引用报表数据如下表：

	2016 年	2017 年	2018 年
营业收入（元）	41 397 579.31	47 585 350.00	51 562 434.54
资产总计（元）	40 120 394.29	52 661 351.33	61 909 968.16

"总资产周转率"＝本表"营业收入"/"资产总额"（"资产总额"用年度平均数计算）。

例如，"总资产周转率计算 - 2017 年"＝47 585 350/（（40 120 394.29 ＋52 661 351.33）/ 2）＝1.03，2018 年计算同。

总资产周转率计算表

编制单位：

指标名称	2017 年		2018 年	
	期初	期末	期初	期末
营业收入（元）	47 585 350.00		51 562 434.54	
资产总额（元）	40 120 394.29	52 661 351.33	52 661 351.33	61 909 968.16
总资产周转率计算	1.03		0.90	

制表人：   复核人：

任务十：建立因素分析的指标体系

任务描述：根据企业介绍中 UFO 报表，完成杜邦因素分析计算表（实际值替代目标值），计算过程应使用完整小数位数进行计算，指标后面带有%的，计算结果以四舍五入保留两位小数的百分数填列，如 3.50%，其余结果均四舍五入保留两位小数填制答案。（本题用期末总资产和期末净资产近似为平均总资产和平均净资产）

序号	因素分析	指标名称	2018 年实际数	2018 年目标值
1	分析对象	净资产收益率(%)		
2	第一因素	销售净利率(%)		
3	第二因素	总资产周转率(次)		
4	第三因素	权益乘数		

答案详解:数据来源于 2018 年度预计资产负债表、预计利润表,2018 年度资产负债表、利润表。具体引用报表数据如下:

单位:元

预计	
负债合计	43 288 645.13
四、净利润(净亏损以"－"号填列)	3 740 617.5
一、营业收入	49 743 990.00
所有者权益(或股东权益)合计	17 412 373.26
资产总计	60 701 018.39
实际	
负债合计	41 235 298.88
四、净利润(净亏损以"－"号填列)	7 371 827.27
所有者权益(或股东权益)合计	20 674 669.28
一、营业收入	51 562 434.54
资产总计	61 909 968.16

"销售净利率"="净利润"/"营业收入":

2018 年实际值 = 7 371 827.27/51 562 434.54 = 14.30% ;

2018 年预测值 = 3 740 617.5/49 743 990 = 7.52% 。

"总资产周转率"="营业收入"/"资产总计":

2018 年实际值 = 51 562 434.54/61 909 968.16 = 0.83 ;

2018 年预测值 = 49 743 990/60 701 018.39 = 0.82 。

"权益乘数"=1/(1 － 负债/资产):

2018 年实际值 = 1/(1 － 41 235 298.88/61 909 968.16) = 2.99 ;

2018 年预测值 = 1/(1 － 43 288 645.13/60 701 018.39) = 3.49 。

"净资产收益率"="销售净利率"×"总资产周转率"×"权益乘数":

2018 年实际值 = 14.30% ×0.83 ×2.99 = 35.66% ;

2018 年预测值 = 7.52% ×0.82 ×3.49 = 21.48% 。

序号	因素分析	指标名称	2018 年实际数	2018 年目标值
1	分析对象	净资产收益率(%)	35.66%	21.48%
2	第一因素	销售净利率(%)	14.30%	7.52%
3	第二因素	总资产周转率(次)	0.83	0.82
4	第三因素	权益乘数	2.99	3.49

任务十一：因素分析的第一次替代

任务描述：根据企业介绍中 UFO 报表，完成杜邦因素分析计算表（实际值替代目标值），计算过程应使用完整小数位数进行计算，指标后面带有%的，计算结果以四舍五入保留两位小数的百分数填列，如 3.50%，其余结果均四舍五入保留两位小数填制答案。（本题用期末总资产和期末净资产近似为平均总资产和平均净资产）

序号	因素分析	指标名称	2018 年实际数（第一因素替代）	2018 年目标值
1	分析对象	净资产收益率		
2	第一因素	销售净利率		
3	第二因素	总资产周转率		
4	第三因素	权益乘数		

销售净利率对净资产收益率变化产生的影响：

答案详解：用 2018 年"实际销售净利率"替代"目标销售净利率"，其余数字不变。替代后的"净资产收益率"=14.30% ×0.82 ×3.49 =40.84%。

"销售净利率对净资产收益率变化产生的影响"= 本表"净资产收益率—2018 年实际数"–"净资产收益率—2018 年目标值"=40.84% –21.48% =19.36%。

序号	因素分析	指标名称	2018 年实际数（第一因素替代）	2018 年目标值
1	分析对象	净资产收益率	40.84%	21.48%
2	第一因素	销售净利率	14.30%	7.52%
3	第二因素	总资产周转率	0.82	0.82
4	第三因素	权益乘数	3.49	3.49

销售净利率对净资产收益率变化产生的影响： 19.36%

任务十二：因素分析的第二次替代

任务描述：根据企业介绍中 UFO 报表，完成杜邦因素分析计算表（实际值替代目标值），计算过程应使用完整小数位数进行计算，指标后面带有%的，计算结果以四舍五入保留两位小数的百分数填列，如 3.50%，其余结果均四舍五入保留两位小数填制答案。（本题用期末

总资产和期末净资产近似为平均总资产和平均净资产）

序号	因素分析	指标名称	2018 年实际数 （第二因素替代）	2018 年目标值 （第一因素替代）
1	分析对象	净资产收益率		
2	第一因素	销售净利率		
3	第二因素	总资产周转率		
4	第三因素	权益乘数		
总资产周转率对净资产收益率变化产生的影响：				

答案详解：用 2018 年"实际总资产周转率"替代"目标总资产周转率"，其余数字不变。替代后的"净资产收益率"＝14.30％ ×0.83 ×3.49 ＝41.51％。

"总资产周转率对净资产收益率变化产生的影响"＝本表"净资产收益率—2018 年实际数"－"净资产收益率—2018 年目标值"＝41.51％ －40.84％ ＝0.67％。

序号	因素分析	指标名称	2018 年实际数 （第二因素替代）	2018 年目标值 （第一因素替代）
1	分析对象	净资产收益率	41.51％	40.84％
2	第一因素	销售净利率	14.30％	14.30％
3	第二因素	总资产周转率	0.83	0.82
4	第三因素	权益乘数	3.49	3.49
总资产周转率对净资产收益率变化产生的影响：				0.67％

任务十三：因素分析的第三次替代

任务描述：根据企业介绍中 UFO 报表，完成杜邦因素分析计算表（实际值替代目标值），计算过程应使用完整小数位数进行计算，指标后面带有％的，计算结果以四舍五入保留两位小数的百分数填列，如 3.50％，其余结果均四舍五入保留两位小数填制答案。（本题用期末总资产和期末净资产近似为平均总资产和平均净资产）

序号	因素分析	指标名称	2018 年实际数 （第三因素替代）	2018 年目标值 （第二因素替代）
1	分析对象	净资产收益率		
2	第一因素	销售净利率		
3	第二因素	总资产周转率		
4	第三因素	权益乘数		
权益乘数对净资产收益率变化产生的影响：				

答案详解：用 2018 年"实际权益乘数"替代"目标权益乘数"，其余数字不变。

替代后的"净资产收益率"=14.30%×0.83×2.99=35.66%。

"权益乘数对净资产收益率变化产生的影响"=本表"净资产收益率—2018年实际数"–"净资产收益率—2018年目标值"=35.66%–41.51%=–5.85%。

序号	因素分析	指标名称	2018年实际数（第三因素替代）	2018年目标值（第二因素替代）
1	分析对象	净资产收益率	35.66%	41.51%
2	第一因素	销售净利率	14.30%	14.30%
3	第二因素	总资产周转率	0.83	0.83
4	第三因素	权益乘数	2.99	3.49
权益乘数对净资产收益率变化产生的影响：				–5.85%

任务十四:对净资产收益率影响最大的因素

任务描述:结合上述分析结果,说明下列哪个因素对净资产收益率的影响最大。（请在正确的选项后面画"√"）

序号	因素分析	指标名称	答案
1	第一因素	销售净利率	
2	第二因素	总资产周转率	
3	第三因素	权益乘数	

答案详解:比较各因素对净资产收益率变化产生的影响,销售净利率19.36%,总资产周转率0.67%,权益乘数–5.85%,影响最大的是销售净利率。

序号	因素分析	指标名称	答案
1	第一因素	销售净利率	√
2	第二因素	总资产周转率	
3	第三因素	权益乘数	

任务十五:提升净资产收益率决策

任务描述:为进一步提升净资产收益率,应如何决策（请在正确的选项后面画"√"）

指标名称	调整方法		
销售净利率	提高		降低
总资产周转天数	提高		降低
资产权益率	提高		降低

答案详解:"净资产收益率"与"销售净利率"成正比,与"总资产周转天数""资产权益率"成反比,因此要提升"净资产收益率",就要提高"销售净利率",降低"总资产周转天数"和"资产权益率"。

指标名称	调整方法			
销售净利率	提高	√	降低	
总资产周转天数	提高		降低	√
资产权益率	提高		降低	√

任务十六：BCS财务层面分析

任务描述：根据企业介绍中公共资源及本岗位前面任务，准确计算平衡计分卡指标增减变化填入表中，并结合下标给定的范围中，选择提高指标可采取的措施（投资回报率、净资产收益率、资产负债率以及各项目增减幅度计算结果以四舍五入保留两位小数的百分数填列，如1.00%，其他计算结果以四舍五入两位小数填列）。

平衡计分卡财务层面指标分析表

层面	编号	指标名称	2017年	2018年	增减额	增减幅度（%）	提高指标可采取的措施
财务层面	1	投资回报率（%）					
	2	净资产收益率（%）					
	3	经济增加值（元）					
	4	息税前利润（元）					—
	5	自由现金流（元）					
	6	资产负债率（%）					
	7	总资产周转率（次）					

措施选项表

编号	指标名称	A	B	C	D	E
1	投资回报率	净利润增加	降低销售成本	降低客户维护成本	提高资产利用效率	增加办公环境改善支出
2	净资产收益率	人工成本降低	材料成本降低	增加客户获取成本	净利润增加	人均期间费用有效控制
3	经济增加值	增加长期借款	增加净利润	加权资本成本上升	新增注资	归还借款
4	总资产周转率	分配利润	积极开拓新市场	贷款建设固定资产	总资产减少	库存增加

答案详解：数据来源于"任务三：投资资本回报率计算表""任务四：净资产收益率计算表""任务五：经济增加值计算表""任务六：息税前利润计算表""任务七：自由现金流计算表""任务八：资产负债率计算表"和"任务九：总资产周转率计算表"中对应的指标数据。

"增减额"栏数据 = 本表"2018年" – "2017年"。例如，"投资回报率—增减额" =

$33.53\% - 35.75\% = -2.22\%$,其余计算同。

"增减幅度"栏数据 = 本表"增减额"/"2017 年"。例如,"投资回报率—增减幅度" = $-2.22\%/35.75\% = -6.21\%$,其余计算同。

"提高指标可采取的措施",略。

平衡计分卡财务层面指标分析表

层面	编号	指标名称	2017 年	2018 年	增减额	增减幅度（%）	提高指标可采取的措施
财务层面	1	投资回报率(%)	35.75%	33.53%	-2.22%	-6.21%	ABCD
	2	净资产收益率(%)	45.68%	38.54%	-7.14%	-15.64%	ABDE
	3	经济增加值(元)	5 877 369.91	5 900 072.80	22 703.89	0.39%	BE
	4	息税前利润(元)	8 796 087.17	9 457 128.83	661 041.66	7.52%	—
	5	自由现金流(元)	2 458 873.57	1 201 779.96	-1 257 093.61	-51.13	—
	6	资产负债率(%)	66.61%	66.61%	-0.00%	-0.01%	—
	7	总资产周转率（次）	1.03	0.90	-0.13	-12.25%	ABD

任务十七:2018 年综合业绩报告

任务描述:根据企业介绍中公共资源,填写综合业绩报告,完成战略层管理会计报告中的数据收集和计算(业务量计算结果四舍五入保留整数填列,毛利率、净利率、资产负债率、总资产收益率、净资产收益率及差异比率、增减幅度计算结果以四舍五入保留两位小数的百分数填列,如 1.00%,其他计算结果以四舍五入两位小数填列,以完整小数位数引用计算)。

2018 年综合业绩报告

编制部门:财务资产部

项目	预算执行对比				同期实际对比		
	全年预算	实际完成	差异	差异比率（%）	上年同期	增减额	增减幅度（%）
业务量							
营业收入							
毛利润							
净利润							
毛利率(%)							
净利率(%)							
总资产							
总负债							

项目	预算执行对比				同期实际对比		
	全年预算	实际完成	差异	差异比率(%)	上年同期	增减额	增减幅度(%)
净资产							
资产负债率							
总资产收益率(%)							
净资产收益率(%)							

注:本题用期末总资产和期末净资产近似为平均总资产和平均净资产。

答案详解:数据来源于"2018 年年初家装销售收入预算明细表",具体如下:

2018 年年初家装销售收入预算明细表

大类	小类	平均面积（平方米）	平均单价（元/平方米）	预算销售收入(元)	户均金额[元/(栋、套)]	预算装修数量（栋、套）
别墅	尊享独栋别墅	425	1395	16 600 500	592 875	28
	品质独栋别墅	275	1137	10 630 950	312 675	34
	舒适独栋别墅	165	1137	7 691 805	187 605	41
普通住宅	尊享天伦家居	130	954	6 325 020	124 020	51
	品质成功家居	90	827	3 870 360	74 430	52
	舒适温馨家居	70	759.5	4 625 355	53 165	87
合计		—		49 743 990	—	293

2017 年度、2018 年度利润表,2018 年度预计利润表,具体引用报表数据如下:

项目	2017 年	2018 年	2018 年预算
一、营业收入	47 585 350.00	51 562 434.54	49 743 990.00
减:营业成本	35 158 174.07	38 139 445.87	40 057 800.00
税金及附加	249 134.77	239 935.51	286 500.00
销售费用	1 567 645.14	1 755 762.55	1 802 800.00
管理费用	1 814 308.85	1 970 161.78	2 086 500.00
财务费用	129 449.98	124 000.00	522 900.00
三、利润总额(亏损总额以"－"号填列)	8 666 637.19	9 333 128.83	4 987 490.00
减:所得税费用	1 447 668.21	1 961 301.56	1 246 872.50
四、净利润(净亏损以"－"号填列)	7 218 968.98	7 371 827.27	3 740 617.50

2017 年度、2018 年度资产负债表,2018 年度预计资产负债表,具体引用报表数据如下:

项目	2017 年	2018 年	2018 年预算
资产总计	52 661 351.33	61 909 968.16	60 701 018.39
负债总计	35 077 082.70	41 235 298.88	43 288 645.13
所有者权益总计	17 584 268.63	20 674 669.28	17 412 373.26

"业务量"栏数据:"全年预算"来源于"2018 年年初家装销售收入预算明细表",为 293;"实际完成"来源于"2018 年度营业收入明细表"(报表数据过多此处不全部引用),为 308;"上年同期"(即 2017 年实际数,以下同)来源于"2017 年度营业收入明细表"(报表数据过多此处不全部引用),为 285。

"营业收入"中"全年预算""实际完成"和"上年同期"栏数据直接引用上述利润表中对应年度的"营业收入"数据。

"毛利润"中"全年预算""实际完成"和"上年同期"栏数据 = 上述两表中"营业收入" – "营业成本"。例如,"毛利润—全年预算" = 49 743 990.00 – 40 057 800.00 = 9 686 190.00,其余计算同。

"净利润"中"全年预算""实际完成"和"上年同期"栏数据直接引用上述利润表中对应年度的"净利润"数据。

"毛利率"中"全年预算""实际完成"和"上年同期"栏数据 = 本表"毛利润"/"营业收入"。例如,"毛利率—全年预算" = 9 686 190.00/49 743 990.00 = 19.47%,其余计算同。

"净利率"中"全年预算""实际完成"和"上年同期"栏数据 = 本表"净利润"/"营业收入"。例如,"净利率—全年预算" = 3 740 617.50/49 743 990.00 = 7.52%,其余计算同。

"总资产""总负债""净资产"中"全年预算""实际完成"和"上年同期"栏数据直接引用上述资产负债表中对应年度的数据。

"资产负债率"中"全年预算""实际完成"和"上年同期"栏数据 = 本表"总负债"/"总资产"。例如,"资产负债率—全年预算" = 43 288 645.13/60 701 018.39 = 71.31%,其余计算同。

"总资产收益率"中"全年预算""实际完成"和"上年同期"栏数据 = 本表"净利润"/"总资产"。例如,"总资产收益率—全年预算" = 3 740 617.50/60 701 018.39 = 6.16%,其余计算同。

"净资产收益率"中"全年预算""实际完成"和"上年同期"栏数据 = 本表"净利润"/"净资产"。例如,"净资产收益率—全年预算" = 3 740 617.50/17 412 373.26 = 21.48%,其余计算同。

"预算执行对比/差异"栏数据 = 本表"实际完成" – "全年预算"。例如,"业务量—预算执行对比/差异" = 308 – 293 = 15,其余计算同。

"预算执行对比/差异比率"栏数据 = 本表"差异"/"全年预算"。例如,"业务量—预算执行对比/差异比率" = 15/293 = 5.12%,其余计算同。

"同期实际对比/增减额"栏数据 = 本表"实际完成" – "上年同期"。例如,"业务量—同期实际对比/增减额" = 308 – 285 = 23,其余计算同。

"同期实际对比/增减幅度"栏数据＝本表"增减额"/"上年同期"。例如,"业务量—同期实际对比/增减幅度"＝23/285＝8.07%,其余计算同。

编制部门:财务资产部

项目	预算执行对比				同期实际对比		
	全年预算	实际完成	差异	差异比率（%）	上年同期	增减额	增减幅度（%）
业务量	293	308	15	5.12%	285	23	8.07%
营业收入	49 743 990.00	51 562 434.54	1 818 444.54	3.66%	47 585 350.00	3 977 084.54	8.36%
毛利润	9 686 190.00	13 422 988.67	3 736 798.67	38.58%	12 427 175.93	995 812.74	8.01%
净利润	3 740 617.50	7 371 827.27	3 631 209.77	97.08%	7 218 968.98	152 858.29	2.12%
毛利率(%)	19.47%	26.03%	6.56%	33.69%	26.12%	−0.08%	−0.32%
净利率(%)	7.52%	14.30%	6.78%	90.12%	15.17%	−0.87%	−5.76%
总资产	60 701 018.39	61 909 968.16	1 208 949.77	1.99%	52 661 351.33	9 248 616.83	17.56%
总负债	43 288 645.13	41 235 298.88	−2 053 346.25	−4.74%	35 077 082.70	6 158 216.18	17.56%
净资产	17 412 373.26	20 674 669.28	3 262 296.02	18.74%	17 584 268.63	3 090 400.65	17.57%
资产负债率	71.31%	66.61%	−4.71%	−6.60%	66.61%	−0.00%	−0.01%
总资产收益率(%)	6.16%	11.91%	5.74%	93.23%	13.71%	−1.80%	−13.14%
净资产收益率(%)	21.48%	35.66%	14.17%	65.98%	41.05%	−5.40%	−13.15%

注:本题用期末总资产和期末净资产近似为平均总资产和平均净资产。

任务十八:2018 年经营分析报告

任务描述: 根据企业介绍中公共资源,填写 2018 年经营分析报告,完成战略层管理会计报告中的数据收集和计算(业务量计算结果四舍五入保留整数填列,营业成本率、税金率、销售费用率、管理费用率、营业利润率及差异比率、增减幅度计算结果以四舍五入保留两位小数的百分数填列,如 1.00%,其他计算结果以四舍五入两位小数填列,以完整小数位数引用计算)。

编制部门:

项目	预算执行对比				同期实际对比		
	全年预算	实际完成	差异	差异比率	上年同期	增减额	增减幅度
业务量							
营业收入							
营业成本							
营业税金及附加							
销售费用							

项目	预算执行对比				同期实际对比		
	全年预算	实际完成	差异	差异比率	上年同期	增减额	增减幅度（％）
管理费用							
财务费用							
营业利润							
所得税费用							
净利润							
营业成本率							
税金率							
销售费用率							
管理费用率							
营业利润率							

制表人：   复核人：

答案详解：数据来源于 2017 年度、2018 年度利润表，2018 年度预计利润表，任务十七已列示。

本表"业务量"至"净利润"栏对应的"全年预算""实际完成"和"上年同期"栏数据来源于 2017 年度、2018 年度利润表，2018 年度预计利润表。

"营业成本率"中"全年预算""实际完成"和"上年同期"栏数据＝本表"营业成本"/"营业收入"。例如，"营业成本率—全年预算"＝40 057 800.00/49 743 990.00＝80.53％，其余计算同。

"税金率"中"全年预算""实际完成"和"上年同期"栏数据＝本表"营业税金及附加"/"营业收入"。例如，"税金率—全年预算"＝286 500.00/49 743 990.00＝0.58％，其余计算同。

"销售费用率"中"全年预算""实际完成"和"上年同期"栏数据＝本表"销售费用"/"营业收入"。例如，"销售费用率—全年预算"＝1 802 800.00/49 743 990.00＝3.62％，其余计算同。

"管理费用率"中"全年预算""实际完成"和"上年同期"栏数据＝本表"管理费用"/"营业收入"。例如，"管理费用率—全年预算"＝2 086 500.00/49 743 990.00＝4.19％，其余计算同。

"营业利润率"中"全年预算""实际完成"和"上年同期"栏数据＝本表"营业利润"/"营业收入"。例如，"营业利润率—全年预算"＝4 987 490.00/49 743 990.00＝10.03％，其余计算同。

"预算执行对比/差异"栏数据＝本表"实际完成"－"全年预算"。例如，"业务量—预算执行对比/差异"＝308－293＝15，其余计算同。

"预算执行对比/差异比率"栏数据＝本表"差异"/"全年预算"。例如,"业务量—预算执行对比/差异比率"＝15/293＝5.12%,其余计算同。

"同期实际对比/增减额"栏数据＝本表"实际完成"−"上年同期"。例如,"业务量—同期实际对比/增减额"＝308−285＝23,其余计算同。

"同期实际对比/增减幅度"栏数据＝本表"增减额"/"上年同期"。例如,"业务量—同期实际对比/增减幅度"＝23/285＝8.07%,其余计算同。

2018 年经营分析报告

编制部门:

项目	预算执行对比				同期实际对比		
	全年预算	实际完成	差异	差异比率	上年同期	增减额	增减幅度
业务量	293	308	15	5.12%	285	23	8.07%
营业收入	49 743 990.00	51 562 434.54	1 818 444.54	3.66%	47 585 350.00	3 977 084.54	8.36%
营业成本	40 057 800.00	38 139 445.87	−1 918 354.13	−4.79%	35 158 174.07	2 981 271.80	8.48%
营业税金及附加	286 500.00	239 935.51	−46 564.49	−16.25%	249 134.77	−9 199.26	−3.69%
销售费用	1 802 800.00	1 755 762.55	−47 037.45	−2.61%	1 567 645.14	188 117.41	12.00%
管理费用	2 086 500.00	1 970 161.78	−116 338.22	−5.58%	1 814 308.85	155 852.93	8.59%
财务费用	522 900.00	124 000.00	−398 900.00	−76.29%	129 449.98	−5 449.98	−4.21%
营业利润	4 987 490.00	9 333 128.83	4 345 638.83	87.13%	8 666 637.19	666 491.64	7.69%
所得税费用	1 246 872.50	1 961 301.56	714 429.06	57.30%	1 447 668.98	513 633.35	35.48%
净利润	3 740 617.50	7 371 827.27	3 631 209.77	97.08%	7 218 968.98	152 858.29	2.12%
营业成本率	80.53%	73.97%	−6.56%	−8.15%	73.88%	0.08%	0.11%
税金率	0.58%	0.47%	−0.11%	−19.21%	0.52%	−0.06%	−11.12%
销售费用率	3.62%	3.41%	−0.22%	−6.04%	3.29%	0.11%	3.36%
管理费用率	4.19%	3.82%	−0.37%	−8.91%	3.81%	0.01%	0.21%
营业利润率	10.03%	18.10%	8.07%	80.53%	18.21%	−0.11%	−0.62%

制表人: 复核人:

任务十九:2018 年销售完成情况分析报告

任务描述:利用企业介绍中 UFO 报表,填写 2018 年销售完成情况分析报告,完成经营层管理会计报告中的数据收集和计算(计算结果数量以整数填列,其他以四舍五入两位小数填列,结果需用百分数形式表示的以四舍五入保留两位小数的百分数填列,如 3.50%)。

2018年销售完成情况分析报告

编制部门：　　　　　　　　　　　　　　　　　　　　　　　　　　　　　　　　　　　单位：元

大类	小类	全年预算			全年实际			销量完成 预算程度（%）	收入完成 预算程度（%）
		销量	单价	销售收入	销量	单价	销售收入		
别墅（栋）	尊享独栋别墅								
	品质独栋别墅								
	舒适独栋别墅								
	小计		—			—			
普通住宅（套）	尊享天伦家居								
	品质成功家居								
	舒适温馨家居								
	小计		—			—			
合计			—			—			

制表人：　　　　　　　　　　　　　　　　　　　　　　　　　　　　　　　　　　　　复核人：

答案详解：数据来源于2018年度营业收入明细表，2018年初家装表销售收入预算明细表，具体报表如下：

2018年度营业收入明细表

编制部门：财务资产部　　　　　　　　　　　　　　　　　　　　　　　　　　　　　　单位：元

大类	小类	平均面积（平方米）	平均单价（元/平方米）	全年销售收入	户均金额[元/（栋套）]	全年装修数量[栋套]	装修总面积（平方米）	销量占比	一季度实际收入	二季度实际收入	三季度实际收入	四季度实际收入
别墅	尊享独栋别墅	425	1 378.46	16 989 568.80	585 847.20	29	12 325	27.10%	2 343 388.80	4 686 777.60	4 100 930.40	5 858 472.00
	品质独栋别墅	275	1 124.15	10 510 839.90	309 142.35	34	9 350	31.78%	927 427.05	3 709 708.20	2 782 281.15	3 091 423.50
	舒适独栋别墅	165	1 124.15	8 161 358.04	185 485.41	44	7 260	41.12%	1 483 883.28	2 411 310.33	2 040 339.51	2 225 824.92
	小计	130	—	35 661 766.74	—	107	28 935	34.74%	4 754 699.13	10 807 796.13	8 923 551.06	11 175 720.42
普通住宅	尊享天伦家居	130	964.60	6 771 492.00	125 398.00	54	7 020	26.86%	626 990.00	2 006 368.00	1 880 970.00	2 257 164.00
	品质成功家居	90	834.22	4 354 628.40	75 079.80	58	5 220	28.86%	525 558.60	1 276 356.60	1 276 356.60	1 276 356.60
	舒适温馨家居	70	766.38	4 774 547.40	53 646.60	89	6 230	44.28%	643 759.20	1 341 165.00	1 180 225.20	1 609 398.00
	小计		—	15 900 667.80	—	201	18 470	65.26%	1 796 307.80	4 623 889.60	4 337 551.80	5 142 918.60
合计			—	51 562 434.54	—	308	—	100.00%	6 551 006.93	15 431 685.73	13 261 102.86	16 318 639.02

大类	小类	平均面积（平方米）	平均单价（元/平方米）	预算销售收入（元）	户均金额[元/（栋、套）]	预算装修数量（栋、套）
别墅	尊享独栋别墅	425	1 395	16 600 500	592 875	28
	品质独栋别墅	275	1 137	10 630 950	312 675	34
	舒适独栋别墅	165	1 137	7 691 805	187 605	41
普通住宅	尊享天伦家居	130	954	6 325 020	124 020	51
	品质成功家居	90	827	3 870 360	74 430	52
	舒适温馨家居	70	759.5	4 625 355	53 165	87
合计		—		49 743 990	—	293

"全年预算""全年实际"列数据来源于以上两表。

"销量完成预算程度"＝本表"全年实际/销量"/"全年预算/销量"。例如，"别墅/尊享独栋别墅—销量完成预算程度"＝29/28＝103.57%，其余计算同。

"收入完成预算程度"＝本表"全年实际/销售收入"/"全年预算/销售收入"。例如，"别墅/尊享独栋别墅—收入完成预算程度"＝16 989 568.80/16 600 500.00＝102.34%，其余计算同。

2018 年销售完成情况分析报告

编制部门：　　　　　　　　　　　　　　　　　　　　　　　　　　　　　　　单位：元

大类	小类	全年预算			全年实际			销量完成预算程度	收入完成预算程度
		销量	单价	销售收入	销量	单价	销售收入		
别墅（栋）	尊享独栋别墅	28	592 875.00	16 600 500.00	29	585 847.20	16 989 568.80	103.57%	102.34%
	品质独栋别墅	34	312 675.00	10 630 950.00	34	309 142.35	10 510 839.90	100.00%	98.87%
	舒适独栋别墅	41	187 605.00	7 691 805.00	44	185 485.41	8 161 358.04	107.32%	106.10%
	小计	103	—	34 923 255.00	107	—	35 661 766.74	103.88%	102.11%
普通住宅（套）	尊享天伦家居	51	124 020.00	6 325 020.00	54	125 398.00	6 771 492.00	105.88%	107.06%
	品质成功家居	52	74 430.00	3 870 360.00	58	75 079.80	4 354 628.40	111.54%	112.51%
	舒适温馨家居	87	53 165.00	4 625 355.00	89	53 646.60	4 774 547.40	102.30%	103.23%
	小计	190		14 820 735.00	201		15 900 667.80	105.79%	107.29%
合计		293	—	49 743 990.00	308	—	51 562 434.54	105.12%	103.66%

制表人：　　　　　　　　　　　　　　　　　　　　　　　　　　　　　　　复核人：

任务二十:2018 年销售同比变化分析报告

任务描述: 利用企业介绍中 UFO 报表,填写 2018 年销售同比变化分析报告,完成经营层管理会计报告中的数据收集和计算(计算结果数量以整数填列,其他以四舍五入保留两位小数填列,结果需用百分数形式表示的以四舍五入保留两位小数,如 3.50%)。

编制部门：

2018 年销售同比变化分析报告

大类	小类	本年完成			上年完成			同比去年完成	
		销量（栋、套）	单价[元/（栋、套）]	收入（元）	销量（栋、套）	单价[元/（栋、套）]	收入（元）	销量	收入
别墅	尊享独栋别墅								
	品质独栋别墅								
	舒适独栋别墅								
	小计		—			—			
普通住宅	尊享天伦家居								
	品质成功家居								
	舒适温馨家居								
	小计		—			—			
合计			—			—			

制表人：　　　　　　　　　　　　　　　复核人：

答案详解：数据来源于"2017 年度营业收入明细表"（具体如下）和"2018 年度营业收入明细表"（见"任务十九：2018 年销售完成情况分析报告"）。

2017 年度营业收入明细表

编制部门:财务资产部

单位:元

大类	小类	平均面积（平方米）	平均单价（元/平方米）	销售收入（元）	户均金额[元/(栋,套)]	装修数量(栋,套)	装修总面积（平方米）	销量占比	一季度收入（元）	二季度收入（元）	三季度收入（元）	四季度收入（元）
别墅	尊享独栋别墅	425	1 328	15 803 200.00	564 400.00	28	11900	25.93%	1 693 200.00	5 079 600.00	3 386 400.00	5 644 000.00
	品质独栋别墅	275	1 083	10 721 700.00	297 825.00	36	9900	33.33%	893 475.00	3 871 725.00	2 680 425.00	3 276 075.00
	舒适独栋别墅	165	1 083	7 862 580.00	178 695.00	44	7260	40.74%	1 072 170.00	2 144 340.00	2 323 035.00	2 323 035.00
	小计	—	—	34 387 480.00	—	108	29060	37.89%	3 658 845.00	11 095 665.00	8 389 860.00	11 243 110.00
普通住宅	尊享天伦家居	130	910	5 678 400.00	118 300.00	48	6240	27.12%	591 500.00	1 656 200.00	1 419 600.00	2 011 100.00
	品质成功家居	90	787	3 470 670.00	70 830.00	49	4410	27.68%	424 980.00	1 133 280.00	779 130.00	1 133 280.00
	舒适温馨家居	70	723	4 048 800.00	50 610.00	80	5600	45.20%	556 710.00	1 113 420.00	961 590.00	1 417 080.00
	小计	—	—	13 197 870.00	—	177	16250	62.11%	1 573 190.00	3 902 900.00	3 160 320.00	4 561 460.00
合计		—	—	47 585 350.00	—	285	—	100.00%	5 232 035.00	14 998 565.00	11 550 180.00	15 804 570.00

"本年完成"列数据来源于"任务十九:2018 年销售完成情况分析报告"相关数据。

"上年完成"列数据来源于"2017 年度营业收入明细表"相关数据。

"同比去年完成/销量"＝本表中"本年完成/销量"/"上年完成/销量"。例如，"别墅/尊享独栋别墅—同比去年完成/销量"＝29/28＝103.57%，其余计算同。

"同比去年完成/收入"＝本表中"本年完成/收入"/"上年完成/收入"。例如，"别墅/尊享独栋别墅—同比去年完成/收入"＝16 989 568.80/15 803 200.00＝107.51%，其余计算同。

2018 年销售同比变化分析报告

大类	小类	本年完成			上年完成			同比去年完成	
		销量（栋、套）	单价[元/（栋、套）]	收入（元）	销量（栋、套）	单价[元/（栋、套）]	收入（元）	销量	收入
别墅（栋）	尊享独栋别墅	29	585 847.2	16 989 568.80	28	564 400.00	15 803 200.00	103.57%	107.51%
	品质独栋别墅	34	309 142.35	10 510 839.90	36	297 825.00	10 721 700.00	94.44%	98.03%
	舒适独栋别墅	44	185 485.41	8 161 358.04	44	178 695.00	7 862 580.00	100.00%	103.80%
	小计	107	—	35 661 766.74	108	—	34 387 480.00	99.07%	103.71%
普通住宅（套）	尊享天伦家居	54	125 398.00	6 771 492.00	48	118 300.00	5 678 400.00	112.50%	119.25%
	品质成功家居	58	75 079.80	4 354 628.40	49	70 830.00	3 470 670.00	118.37%	125.47%
	舒适温馨家居	89	53 646.60	4 774 547.40	80	50 610.00	4 048 800.00	111.25%	117.93%
	小计	201	—	15 900 667.80	177	—	13 197 870.00	113.56%	120.48%
合计		308	—	51 562 434.54	285	—	47 585 350.00	108.07%	108.36%

任务二十一:2018 年营业总成本分析表

任务描述:利用企业介绍中 UFO 报表,填写 2018 年营业总成本分析表,完成经营层管理会计报告中的数据收集和计算(计算结果数量以整数填列,其他以四舍五入保留两位小数填列,结果需用百分数形式表示的以四舍五入保留两位小数的百分,如 3.50%)。

2018 年营业总成本分析表

序号	项目	预算对比				同期对比		
		全年预算(元)	实际完成(元)	差异额(元)	差异率	上年金额(元)	增减额(元)	增减幅度
1	营业总成本							
2	其中:营业成本							
3	尊享独栋别墅							
4	品质独栋别墅							
5	舒适独栋别墅							
6	小计							
7	尊享天伦家居							
8	品质成功家居							
9	舒适温馨家居							
10	小计							
11	税金及附加							
12	销售费用							
13	管理费用							
14	财务费用							

答案详解:数据来源于营业成本明细表和 2017 年度、2018 年度利润表,2018 年度预计利润表。具体引用报表数据如下:

营业成本明细表

企业名称：×××装饰有限公司

项目	2017 年	2018 年	2018 年
	实际	预算	实际
尊享独栋别墅	11 420 966.76	13 354 450.00	13 048 257.29
品质独栋别墅	7 749 657.89	8 564 513.00	6 959 816.79
舒适独栋别墅	5 682 283.64	6 196 675.00	5 271 379.64
小计	24 852 908.29	28 115 638.00	25 279 453.72
尊享天伦家居	4 372 332.75	5 102 907.00	5 541 322.17
品质成功家居	2 821 783.41	3 115 181.00	3 730 086.36
舒适温馨家居	3 111 149.62	3 724 074.00	3 588 583.62
小计	10 305 265.78	11 942 162.00	12 859 992.15
合计	35 158 174.07	40 057 800.00	38 139 445.87

2017 年度、2018 年度部分利润表

项目	2017 年	2018 年	2018 年预算
一、营业收入	47 585 350.00	51 562 434.54	49 743 990.00
减：营业成本	35 158 174.07	38 139 445.87	40 057 800.00
税金及附加	249 134.77	239 935.51	286 500.00
销售费用	1 567 645.14	1 755 762.55	1 802 800.00
管理费用	1 814 308.85	1 970 161.78	2 086 500.00
财务费用	129 449.98	124 000.00	522 900.00
三、利润总额（亏损总额以"－"号填列）	8 666 637.19	9 333 128.83	4 987 490.00
减：所得税费用	1 447 668.21	1 961 301.56	1 246 872.50
四、净利润（净亏损以"－"号填列）	7 218 968.98	7 371 827.27	3 740 617.50

"2.营业成本"栏数据 = 本表中"6.小计" + "10.小计"。

"1.营业总成本"栏数据 = 本表中"2.营业成本" + "11.税金及附加" + "12.销售费用" + "13.管理费用" + "14.财务费用"。

"预算对比/差异额"栏数据 = 本表"实际完成" - "全年预算"。例如，"营业总成本 - 预算对比/差异额" = 42 229 305.71 - 44 756 500.00 = -2 527 194.29，其余计算同。

"预算对比/差异率"栏数据 = 本表"差异额"/"全年预算"。例如，"营业总成本 - 预算对比/差异率" = -2 527 194.29/44 756 500.00 = -5.65%，其余计算同。

"同期对比/增减额"栏数据 = 本表"实际完成" - "上年金额"。例如，"营业总成本 - 同期对比/增减额" = 42 229 305.71 - 38 918 712.81 = 3 310 592.90，其余计算同。

"同期对比/增减幅度"栏数据 = 本表"增减额"/"上年金额"。例如，"营业总成本 - 同

期对比/增减幅度"=3 310 592.90/38 918 712.81=8.51%,其余计算同。

2018 年营业总成本分析表

序号	项目	预算对比				同期对比		
		全年预算(元)	实际完成(元)	差异额(元)	差异率(元)	上年金额(元)	增减额(元)	增减幅度
1	营业总成本	44 756 500.00	42 229 305.71	−2 527 194.29	−5.65%	38 918 712.81	3 310 592.90	8.51%
2	其中:营业成本	40 057 800.00	38 139 445.87	−1 918 354.13	−4.79%	35 158 174.07	2 981 271.80	8.48%
3	尊享独栋别墅	13 354 450.00	13 048 257.29	−306 192.71	−2.29%	11 420 966.76	1 627 290.53	14.25%
4	品质独栋别墅	8 564 513.00	6 959 816.79	−1 604 696.21	−18.74%	7 749 657.89	−789 841.10	−10.19%
5	舒适独栋别墅	6 196 675.00	5 271 379.64	−925 295.36	−14.93%	5 682 283.64	−410 904.00	−7.23%
6	小计	28 115 638.00	25 279 453.72	−2 836 184.28	−10.09%	24 852 908.29	426 545.43	1.72%
7	尊享天伦家居	5 102 907.00	5 541 322.17	438 415.17	8.59%	4 372 332.75	1 168 989.42	26.74%
8	品质成功家居	3 115 181.00	3 730 086.36	614 905.36	19.74%	2 821 783.41	908 302.95	32.19%
9	舒适温馨家居	3 724 074.00	3 588 583.62	−135 490.38	−3.64%	3 111 149.62	477 434.00	15.35%
10	小计	11 942 162.00	12 859 992.15	917 830.15	7.69%	10 305 265.78	2 554 726.37	24.79%
11	税金及附加	286 500.00	239 935.51	−46 564.49	−16.25%	249 134.77	−9 199.26	−3.69%
12	销售费用	1 802 800.00	1 755 762.55	−47 037.45	−2.61%	1 567 645.14	188 117.41	12.00%
13	管理费用	2 086 500.00	1 970 161.78	−116 338.22	−5.58%	1 814 308.85	155 852.93	8.59%
14	财务费用	522 900.00	124 000.00	−398 900.00	−76.29%	1 814 308.85	−5 449.98	−4.21%

任务二十二:盈利分析表—价格

任务描述:利用企业介绍中 UFO 报表,填写盈利分析表—价格,完成经营层管理会计报告中的数据收集和计算(数量计算结果以四舍五入保留整数填列,其他以四舍五入保留两位小数填列,以完整小数位数引用计算)。

盈利分析表—价格

产品名称	2017 年实际销售数量(栋、套)	2017 年实际		2018 年实际		差额	
		销售单价[元/(栋、套)]	销售收入(元)	销售单价[元/(栋、套)]	销售收入(元)	销售单价[元/(栋、套)]	销售收入(元)
营业收入	—	—		—			
别墅		—		—			
尊享独栋别墅							
品质独栋别墅							

产品名称	2017 年实际销售数量（栋、套）	2017 年实际		2018 年实际		差额	
		销售单价[元/(栋套)]	销售收入（元）	销售单价[元/(栋套)]	销售收入（元）	销售单价[元/(栋套)]	销售收入（元）
舒适独栋别墅							
普通住宅		—		—		—	
尊享天伦家居							
品质成功家居							
舒适温馨家居							
营业成本	—	—		—		—	
别墅		—		—		—	
尊享独栋别墅							
品质独栋别墅							
舒适独栋别墅							
普通住宅		—		—		—	
尊享天伦家居							
品质成功家居							
舒适温馨家居							
销售毛利	—	—		—		—	
别墅		—		—		—	
尊享独栋别墅							
品质独栋别墅							
舒适独栋别墅							
普通住宅		—		—		—	
尊享天伦家居							
品质成功家居							
舒适温馨家居							

答案详解： 数据来源于"任务二十：2018 年销售同比变化分析报告""任务二十一：2018 年营业总成本分析表"。

其中，"2017 年实际销售数量""营业收入/各细类—2017 年实际/销售单价""营业收入/各细类—2017 年实际/销售收入""营业收入/各细类—2018 年实际/销售单价""营业收入/各细类—2018 年实际/销售收入"数据来源于"任务二十：2018 年销售同比变化分析报告"。

"营业成本/各细类—2017 年实际/销售收入""营业成本/各细类—2018 年实际/销售收入"数据来源于"任务二十一：2018 年营业总成本分析表"。

"营业成本/各细类—2017 年实际/销售单价"="营业成本/各细类—2017 年实际/销售

收入"/"2017 年实际销售数量"。例如,"营业成本/别墅/尊享独栋别墅—2017 年实际/销售单价"=11 420 966.76/28.00 =407 891.67,其余计算同。

"营业成本/各细类—2018 年实际/销售单价"="营业成本/各细类—2018 年实际/销售收入"/"2018 年实际销售数量"。"2018 年实际销售数量"数据来源于"任务二十:2018 年销售同比变化分析报告"。例如,"营业成本/别墅/尊享独栋别墅—2018 年实际/销售单价"=13 048 257.29/29.00 =449 939.91,其余计算同。

"销售毛利/各细类—销售单价"="营业收入/各细类—销售单价"-"营业成本/各细类—销售单价"。例如,"销售毛利/别墅/尊享独栋别墅—2017 年实际/销售单价"=564 400.00 -407 891.67 =156 508.33,其余计算同。

"销售毛利/各细类—销售收入"="营业收入/各细类—销售收入"-"营业成本/各细类—销售收入"。例如:"销售毛利/别墅/尊享独栋别墅—2017 年实际/销售收入"=15 803 200.00 -11 420 966.76 =4 382 233.24,其余计算同。

"差额/销售单价"列数据 ="2018 年实际/销售单价"-"2017 年实际/销售单价"。例如,"营业收入/别墅/尊享独栋别墅—差额/销售单价"=585 847.2 -564 400.00 =21 447.20,其余计算同。

"差额/销售收入"列数据 ="差额/销售单价"×"2017 年实际销售数量"。例如,"营业收入/别墅/尊享独栋别墅—差额/销售收入"=21 447.20 ×28.00 =600 521.60,其余计算同。

盈利分析表—价格

产品名称	2017 年实际 销售数量 (栋、套)	2017 年实际		2018 年实际		差额	
		销售单价 [元/(栋、套)]	销售收入 (元)	销售单价 [元/(栋、套)]	销售收入 (元)	销售单价 [元/(栋、套)]	销售收入 (元)
营业收入	—	—	47 585 350.00	—	51 562 434.54	—	2 098 596.44
别墅	108	—	34 387 480.00	—	35 661 766.74	—	1 306 724.24
尊享独栋别墅	28	564 400.00	15 803 200.00	585 847.2	16 989 568.80	21 447.20	600 521.60
品质独栋别墅	36	297 825.00	10 721 700.00	309 142.35	10 510 839.90	11 317.35	407 424.60
舒适独栋别墅	44	178 695.00	7 862 580.00	185 485.41	8 161 358.04	6 790.41	298 778.04
普通住宅	177	—	13 197 870.00	—	15 900 667.80	—	791 872.20
尊享天伦家居	48	118 300.00	5 678 400.00	125 398.00	6 771 492.00	7 098.00	340 704.00
品质成功家居	49	70 830.00	3 470 670.00	75 079.80	4 354 628.40	4 249.80	208 240.20
舒适温馨家居	80	50 610.00	4 048 800.00	53 646.60	4 774 547.40	3 036.60	242 928.00
营业成本			35 158 174.07		38 139 445.87	—	1 383 333.44
别墅	108		24 852 908.29		25 279 453.72		386 006.51
尊享独栋别墅	28	407 891.67	11 420 966.76	449 939.91	13 048 257.29	42 048.24	1 177 350.62
品质独栋别墅	36	215 268.27	7 749 657.89	204 700.49	6 959 816.79	-10 567.78	-380 440.11

产品名称	2017 年实际 销售数量 (栋、套)	2017 年实际		2018 年实际		差额	
		销售单价 [元/(栋、套)]	销售收入 (元)	销售单价 [元/(栋、套)]	销售收入 (元)	销售单价 [元/(栋、套)]	销售收入 (元)
舒适独栋别墅	44	129 142.81	5 682 283.64	119 804.08	5 271 379.64	− 9 338.73	− 410 904.00
普通住宅	177	—	10 305 265.78	—	12 859 992.15	—	997 326.92
尊享天伦家居	48	91 090.27	4 372 332.75	102 617.08	5 541 322.17	11 526.81	553 286.96
品质成功家居	49	57 587.42	2 821 783.41	64 311.83	3 730 086.36	6 724.42	329 496.45
舒适温馨家居	80	38 889.37	3 111 149.62	40 321.16	3 588 583.62	1 431.79	114 543.52
销售毛利	—	—	12 427 175.93	—	13 422 988.67	—	715 263.00
别墅	108	—	9 534 571.71	—	10 382 313.02	—	920 717.74
尊享独栋别墅	28	156 508.33	4 382 233.24	135 907.29	3 941 311.51	− 20 601.04	− 576 829.03
品质独栋别墅	36	82 556.73	2 972 042.11	104 441.86	3 551 023.11	21 885.13	787 864.71
舒适独栋别墅	44	49 552.19	2 180 296.36	65 681.33	2 889 978.40	16 129.14	709 682.04
普通住宅	177	—	2 892 604.22	—	3 040 675.65	—	− 205 454.73
尊享天伦家居	48	27 209.73	1 306 067.25	22 780.92	1 230 169.83	− 4 428.81	− 212 582.96
品质成功家居	49	13 242.58	648 886.59	10 767.97	624 542.04	− 2 474.62	− 121 256.25
舒适温馨家居	80	11 720.63	937 650.38	13 325.44	1 185 963.78	1 604.81	128 384.48

任务二十三：毛利影响因素分析表—业务量

任务描述：利用企业介绍中 UFO 报表，填写盈利分析表—数量，完成经营层管理会计报告中的数据收集和计算（数量计算结果以整数填列，其他以四舍五入保留两位小数填列）。

盈利分析表—数量

产品名称	2018 年实际 销售单价 [元/(栋、套)]	2017 年实际		2018 年实际		差额	
		实际销售量 (栋、套)	销售收入 (元)	实际销售量 (栋、套)	销售收入 (元)	销售量 (栋、套)	销售收入 (元)
营业收入	—	—		—		—	
别墅	—	—		—		—	
尊享独栋别墅							
品质独栋别墅							
舒适独栋别墅							
普通住宅	—	—		—		—	
尊享天伦家居							

续表

产品名称	2018年实际 销售单价 〔元/(栋、套)〕	2017年实际		2018年实际		差额	
		实际销售量 (栋、套)	销售收入 (元)	实际销售量 (栋、套)	销售收入 (元)	销售量 (栋、套)	销售收入 (元)
品质成功家居							
舒适温馨家居							
营业成本	—	—	—		—		—
别墅	—	—	—		—		—
尊享独栋别墅							
品质独栋别墅							
舒适独栋别墅							
普通住宅	—	—	—		—		—
尊享天伦家居							
品质成功家居							
舒适温馨家居							
销售毛利							
别墅							
尊享独栋别墅							
品质独栋别墅							
舒适独栋别墅							
普通住宅							
尊享天伦家居							
品质成功家居							
舒适温馨家居							

答案详解:数据来源于"任务二十:2018年销售同比变化分析报告""任务二十二:2018年营业总成本分析表""任务二十二:盈利分析表—价格"。

其中,"2018年实际销售单价""2017年实际/实际销售量""2017年实际/销售收入""2018年实际/销售收入"数据来源"任务二十二:盈利分析表—价格"。"2018年实际/实际销售量"数据来源于"任务二十:2018年销售同比变化分析报告"。

"差额/销售量"列数据 = "2018年实际/实际销售量" – "2017年实际/实际销售量"。例如,"营业收入/别墅/尊享独栋别墅—差额/销售量" = 29 – 28 = 1,其余计算同。

"差额/销售收入"列数据 = "差额/销售量" × "2018年实际销售单价"。例如,"营业收入/别墅/尊享独栋别墅—差额/销售收入" = 1 × 585 847.20 = 585 847.20,其余计算同。

产品名称	2018 年实际销售单价 [元/(栋、套)]	2017 年实际		2018 年实际		差额	
		实际销售量（栋、套）	销售收入（元）	实际销售量（栋、套）	销售收入（元）	销售量（栋、套）	销售收入（元）
营业收入	—	—	47 585 350.00	—	51 562 434.54	—	1 878 488.10
别墅	—	—	34 387 480.00	—	35 661 766.74	—	−32 437.50
尊享独栋别墅	585 847.20	28	15 803 200.00	29	16 989 568.80	1	585 847.20
品质独栋别墅	309 142.35	36	10 721 700.00	34	10 510 839.90	−2	−618 284.70
舒适独栋别墅	185 485.41	44	7 862 580.00	44	8 161 358.04	0	0.00
普通住宅	—	—	13 197 870.00	—	15 900 667.80	—	1 910 925.60
尊享天伦家居	125 398.00	48	5 678 400.00	54	6 771 492.00	6	752 388.00
品质成功家居	75 079.80	49	3 470 670.00	58	4 354 628.40	9	675 718.20
舒适温馨家居	53 646.60	80	4 048 800.00	89	4 774 547.40	9	482 819.40
营业成本	—	—	35 158 174.07	—	38 139 445.87	—	1 597 938.36
别墅	—	—	24 852 908.29	—	25 279 453.72	—	40 538.92
尊享独栋别墅	449 939.91	28	11 420 966.76	29	13 048 257.29	1	449 939.91
品质独栋别墅	204 700.49	36	7 749 657.89	34	6 959 816.79	−2	−409 400.99
舒适独栋别墅	119 804.08	44	5 682 283.64	44	5 271 379.64	0	0.00
普通住宅	—	—	10 305 265.78	—	12 859 992.15	—	1 557 399.45
尊享天伦家居	102 617.08	48	4 372 332.75	54	5 541 322.17	6	615 702.46
品质成功家居	64 311.83	49	2 821 783.41	58	3 730 086.36	9	578 806.50
舒适温馨家居	40 321.16	80	3 111 149.62	89	3 588 583.62	9	362 890.48
销售毛利	—	—	12 427 175.93	—	13 422 988.67	—	280 549.74
别墅	—	—	9 534 571.71	—	10 382 313.02	—	−72 976.42
尊享独栋别墅	135 907.29	28	4 382 233.24	29	3 941 311.51	1	135 907.29
品质独栋别墅	104 441.86	36	2 972 042.11	34	3 551 023.11	−2	−208 883.71
舒适独栋别墅	65 681.33	44	2 180 296.36	44	2 889 978.40	0	0.00
普通住宅	—	—	2 892 604.22	—	3 040 675.65	—	353 526.15
尊享天伦家居	22 780.92	48	1 306 067.25	54	1 230 169.83	6	136 685.54
品质成功家居	10 767.97	49	648 886.59	58	624 542.04	9	96 911.70
舒适温馨家居	13 325.44	80	937 650.38	89	1 185 963.78	9	119 928.92

实训五 绩效管理岗

任务二十四:2018 年 BCS 绩效评价表—公司级

任务描述:利用企业介绍中 UFO 报表和公共资源,完成公司层绩效考核评分计算工作(得分计算结果以四舍五入整数填列,其他以四舍五入保留两位小数填列)。

2018 年 BCS 绩效评价表—公司级

指标名称	层面	计量单位	目标值	权重	计分方法	实际值	完成率	得分	加权得分	奖金系数
投资回报率	财务层面	%	30%	20%	完成率大于(含)90%,100分;					
净资产收益率	财务层面	%	25%	5%						
经济增加值	财务层面	万元	500	5%	完成率大于(含)80%,90分;					
息税前利润	财务层面	万元	1 000	10%	完成率大于(含)70%,80分;					
自由现金流	财务层面	万元	200	25%	完成率大于(含)50%,60分;					
资产负债率	财务层面	%	80%	15%	完成率不足50%,0分					
总资产周转率	财务层面	次	1	20%						

答案详解:

"投资回报率—实际值"数据来源于"任务三:投资资本回报率计算表"。

"净资产收益率—实际值"数据来源于"任务四:净资产收益率计算表"。

"经济增加值—实际值"数据来源于"任务五:经济增加值计算表"。

"息税前利润—实际值"数据来源于"任务六:息税前利润计算表"。

"自由现金流—实际值"数据来源于"任务七:自由现金流计算表"。

"资产负债率—实际值"数据来源于"任务八:资产负债率计算表"。

"总资产周转率—实际值"数据来源于"任务九:总资产周转率计算表"。

"完成率"栏数据 = 本表中"实际值"/"目标值"。例如,"投资回报率—完成率" = 33.53%/30% = 111.78,其余计算同。

"得分"栏数据根据计分方法得出。

"加权得分"栏数据 = Σ("得分"×"权重")。

"奖金系数"栏数据来源于"×××装饰有限公司绩效考核制度"中"第十一条 公司级绩效考核评分",具体如下:

考核表中的考核指标均按满分 100 分评分。

评审分数（分）	奖金系数（K）
$A > 95$	1.20
$90 < A \leqslant 95$	1.10
$85 < A \leqslant 90$	1.00
$80 < A \leqslant 85$	0.90
$65 < A \leqslant 80$	0.80
$A \leqslant 65$	0.00

注:A – 公司级指标得分。

2018 年 BCS 绩效评价表—公司级

指标名称	层面	计量单位	目标值	权重	计分方法	实际值	完成率	得分	加权得分	奖金系数
投资回报率	财务层面	%	30%	20%	完成率大于（含）90%，100分；完成率大于（含）80%，90分；完成率大于（含）70%，80分；完成率大于（含）50%，60分；完成率不足50%,0分	33.53%	111.78%	100	91.00	1.10
净资产收益率	财务层面	%	25%	5%		38.54%	154.15%	100		
经济增加值	财务层面	万元	500	5%		590.01	118.00%	100		
息税前利润	财务层面	万元	1 000	10%		945.71	94.57%	100		
自由现金流	财务层面	万元	200	25%		120.18	60.09%	70		
资产负债率	财务层面	%	80%	15%		66.61%	83.26%	90		
总资产周转率	财务层面	次	1	20%		0.90	90.01%	100		

编制时间:

任务二十五:2018 年 BCS 绩效评价表—销售运营部

任务描述:利用企业介绍中 UFO 报表和本任务题面资源,完成部门绩效考核评分计算工作(得分计算结果以四舍五入整数填列,其他以四舍五入保留两位小数填列)。

2018 年 BCS 绩效评价表—销售运营部

指标名称	层面	计量单位	考核频度	权重	计分方法	目标值	实际值	完成率（%）	得分	加权得分
市场份额	客户层面	%	年度	0.1	完成率大于（含）90%，100 分	0.05	0.045			
客户增长率	客户层面	%	年度	0.05		0.03	0.06			
老客户交易增长率	客户层面	%	年度	0.25	完成率大于（含）80%，90 分 完成率大于（含）70%，80 分	0.2	0.18			
客户获利率	客户层面	%	年度	0.1	完成率大于（含）50%，60 分	0.1	0.09			
客户满意率	客户层面	%	年度	0.25		1	0.99			
客户投诉率	客户层面	%	年度	0.1	完成率不足 50%，0 分 注:客户投诉率完成率计算公式为［1－(实际值－目标值)/目标值］×100%	0.005	0.007			
战略客户数量增加量	客户层面	个	年度	0.15		5	4			

答案详解:

"客户投诉率—完成率"＝［1－(实际值－目标值)/目标值］×100% 。

其余"完成率"栏数据＝本表中"实际值"/"目标值"。例如,"市场份额—完成率"＝0.045/0.05＝90.00%,其余计算同。

"得分"栏数据根据计分方法得出。

"加权得分"栏数据＝∑("得分"×"权重")。

2018 年 BCS 绩效评价表—销售运营部

指标名称	层面	计量单位	考核频度	权重	计分方法	目标值	实际值	完成率	得分	加权得分
市场份额	客户层面	%	年度	0.1	完成率大于（含）90%，100 分;	0.05	0.045	90.00%	100	
客户增长率	客户层面	%	年度	0.05		0.03	0.06	200.00%	100	
老客户交易增长率	客户层面	%	年度	0.25	完成率大于（含）80%，90 分; 完成率大于（含）70%，80 分;	0.2	0.18	90.00%	100	
客户获利率	客户层面	%	年度	0.1	完成率大于（含）50%，60 分;	0.1	0.09	90.00%	100	95.50
客户满意率	客户层面	%	年度	0.25		1	0.99	99.00%	100	
客户投诉率	客户层面	%	年度	0.1	完成率不足 50%，0 分 注:客户投诉率完成率计算公式为（1－(实际值－目标值)/目标值）×100%	0.005	0.007	60.00%	70	
战略客户数量增加量	客户层面	个	年度	0.15		5	4	80.00%	90	

任务二十六:2018 年 BCS 绩效评价表—建安工程部

任务描述:利用企业介绍中 UFO 报表和本任务题面资源,完成部门绩效考核评分计算工作(得分计算结果以四舍五入整数填列,其他以四舍五入保留两位小数填列)。

2018 年 BCS 绩效评价表—建安工程部

指标名称	层面	计量单位	考核频度	权重	计分方法	目标值	实际值	完成率	得分	加权得分
工程完成及时率	内部流程层面	%	年度	20%		0.95	0.92			
成本控制率	内部流程层面	%	年度	25%	完成率大于(含)90%,100 分;完成率大于(含)80%,90 分;完成率大于(含)70%,80 分;完成率大于(含)50%,60 分;完成率不足 50%,0 分注:成本控制率和安全事故发生的完成率计算公式为[1−(实际值−目标值)/目标值]×100%	0.05	0.07			
项目质量合格率	内部流程层面	%	年度	25%		0.98	0.99			
安全事故发生次数	内部流程层面	次	年度	10%		5	4			
部门员工维持率	学习与成长层面	%	年度	10%		1	0.99			
培训计划完成率	学习与成长层面	%	年度	10%		0.95	0.88			

答案详解:

"成本控制率—完成率""安全事故发生次数—完成率"=[1−(实际值−目标值)/目标值]×100% 。

其余"完成率"栏数据=本表中"实际值"/"目标值"。例如,"工程完成及时率"=0.92/0.95=96.84%,其余计算同。

"得分"栏数据根据计分方法得出。

"加权得分"栏数据=Σ("得分"×"权重")。

2018 年 BCS 绩效评价表—建安工程部

指标名称	层面	计量单位	考核频度	权重	计分方法	目标值	实际值	完成率	得分	加权得分
工程完成及时率	内部流程层面	%	年度	0.2	完成率大于（含）90%，100 分；	0.95	0.92	96.84%	100	92.50
成本控制率	内部流程层面	%	年度	0.25	完成率大于（含）80%，90 分；	0.05	0.07	60.00%	70	
项目质量合格率	内部流程层面	%	年度	0.25	完成率大于（含）70%，80 分；	0.98	0.99	101.02%	100	
安全事故发生次数	内部流程层面	次	年度	0.1	完成率大于（含）50%，60 分；完成率不足 50%，0 分	5	4	120.00%	100	
部门员工维持率	学习与成长层面	%	年度	0.1	注：成本控制率和安全事故发生的完成率计算公式为［1－（实际值－目标值）/目标值］×100%	1	0.99	99.00%	100	
培训计划完成率	学习与成长层面	%	年度	0.1		0.95	0.88	92.63%	100	

任务二十七:2018 年 BCS 绩效评价表—投资设计部

任务描述:利用企业介绍中 UFO 报表和本任务题面资源,完成部门绩效考核评分计算工作(得分计算结果以四舍五入整数填列,其他以四舍五入保留两位小数填列)。

2018 年 BCS 绩效评价表—投资设计部

指标名称	层面	计量单位	考核频度	权重	计分方法	目标值	实际值	完成率	得分	加权得分
测量准确率	客户层面	%	年度	30%	完成率大于（含）90%，100 分；	97%	75%			
设计效率	客户层面	%	年度	30%	完成率大于（含）80%，90 分；	95%	80%			
设计满意度	客户层面	%	年度	20%	完成率大于（含）70%，80 分；	95%	70%			
部门员工维持率	学习与成长层面	%	年度	10%	完成率大于（含）50%，60 分；	95%	65%			
培训计划完成率	学习与成长层面	%	年度	10%	完成率不足 50%，0 分	90%	80%			

答案详解:

"完成率"栏数据＝本表中"实际值"/"目标值"。例如,"测量准确率"＝75%/97%＝77.32%,其余计算同。

"得分"栏数据根据计分方法得出。

"加权得分"栏数据＝Σ"得分"×"权重"。

指标名称	层面	计量单位	考核频度	权重	计分方法	目标值	实际值	完成率	得分	加权得分
测量准确率	客户层面	%	年度	0.3	完成率大于（含）90%，100分；	97%	75%	77.32%	80	
设计效率	客户层面	%	年度	0.3	完成率大于（含）80%，90分；	95%	80%	84.21%	90	
设计满意度	客户层面	%	年度	20%	完成率大于（含）70%，80分；	95%	70%	73.68%	80	83.00
部门员工维持率	学习与成长层面	%	年度	0.1	完成率大于（含）50%，60分；	95%	65%	68.42%	70	
培训计划完成率	学习与成长层面	%	年度	0.1	完成率不足50%，0分	90%	80%	88.89%	90	

任务二十八：部门奖惩计算

任务描述：利用企业介绍中公共资源和本岗位任务二十四、二十五、二十六、二十七，完成部门奖金系数表（计算结果以四舍五入保留两位小数填列）。

奖金系数计算表

项目	公司系数	部门加权得分	部门系数	综合奖金系数
销售运营部				
建安工程部				
投资设计部				

答案详解：

"公司系数"栏数据来源于"任务二十四：2018年BCS绩效评价表—公司级"中"奖金系数"。

"部门加权得分"栏数据来源于"任务二十五：2018年BCS绩效评价表—销售运营部""任务二十六：2018年BCS绩效评价表—建安工程部""任务二十七：2018年BCS绩效评价表—投资设计部"中对应"加权得分"栏。

"部门系数"栏数据来源于"×××装饰有限公司绩效考核制度"中"第十二条 部门级绩效考核得分"，具体如下：

（1）在结合公司级指标完成情况基础上，再考虑部门级指标完成情况。

（2）考核表中的考核指标均按满分100分评分，分数与奖金系数对应关系如下：

评审分数（分）	奖金系数（K）
$B > 95$	1.20
$90 < B \leq 95$	1.20
$85 < B \leq 90$	1.00
$80 < B \leq 85$	0.90
$65 < B \leq 80$	0.80
$B \leq 65$	0.00

注：B－部门级指标得分。

"综合奖金系数"栏数据 = 本表中"公司系数"ד部门系数"。例如,"销售运营部—综合奖金系数" = 1.10 × 1.30 = 1.43,其余计算同。

奖金系数计算表

项目	公司系数	部门加权得分	部门系数	综合奖金系数
销售运营部		95.50	1.30	1.43
建安工程部	1.10	92.50	1.20	1.32
投资设计部		83.00	0.90	0.99

附　录

下篇附表

附表一

×××装饰有限公司资产负债表

单位：元

资产	2016	2017	2018	负债和所有者权益（或股东权益）	2016	2017	2018
流动资产：				流动负债：			
货币资金	6 073 891.40	6 331 089.20	6 684 536.56	短期借款	5 850 008.37	3 648 332.60	2 800 000.00
以公允价值计量且其变动计入当期损益的金融资产				以公允价值计量且其变动计入当期损益的金融负债			
衍生金融资产				衍生金融负债			
应收票据				应付票据			
应收账款	20 405 994.91	29 980 412.41	36 725 432.01	应付账款	14 625 020.93	20 552 088.90	25 293 397.76
预付款项	4 513 672.00	4 965 039.20	5 933 083.36	预收款项	1 170 001.67	1 908 608.90	3 666 942.20
应收利息				应付职工薪酬	140 003.34	106 756.10	148 846.68
应收股利				应交税费	2 170 001.67	2 645 085.70	2 458 567.40
其他应收款	2 698 799.14	4 481 949.60	5 470 305.44	应付利息	58 500.08	36 483.33	28 000.00
存货	185 017.58	221 116.62	293 177.05	应付股利			
持有待售资产				其他应付款	2 084 109.15	6 179 727.17	6 839 544.84
一年内到期的非流动资产				持有待售负债			
其他流动资产				一年内到期的非流动负债			
流动资产合计	33 877 375.03	45 979 607.03	55 106 534.42	其他流动负债			
非流动资产：				流动负债合计	26 097 645.21	35 077 082.70	41 235 298.88
可供出售金融资产				非流动负债：			
持有至到期投资				长期借款			
长期应收款				应付债券			
长期股权投资				其中：优先股			
投资性房地产				永续债			

资产	2016	2017	2018
固定资产	5 838 901.00	6 575 893.26	6 995 849.92
累计折旧	383 881.74	652 598.96	921 316.18
在建工程			
工程物资			
固定资产清理			
生产性生物资产			
油气资产			
无形资产	788 000.00	758 450.00	728 900.00
开发支出			
商誉			
长期待摊费用			
递延所得税资产			
其他非流动资产			
非流动资产合计	6 243 019.26	6 681 744.30	6 803 433.74
资产总计	40 120 394.29	52 661 351.33	61 909 968.16

负债和所有者权益(或股东权益)	2016	2017	2018
长期应付款			
专项应付款			
预计负债			
递延收益			
递延所得税负债			
其他非流动负债			
非流动负债合计	0.00	0.00	0.00
负债合计	26 097 645.21	35 077 082.70	41 235 298.88
所有者权益(或股东权益):			
实收资本(或股本)	10 000 000.00	10 000 000.00	10 000 000.00
其他权益工具			
其中:优先股			
永续债			
资本公积			
减:库存股			
其他综合收益			
盈余公积	440 097.06	1 161 993.96	1 899 176.69
未分配利润	3 582 652.02	6 422 274.67	8 775 492.59
所有者权益(或股东权益)合计	14 022 749.08	17 584 268.63	20 674 669.28
负债和所有者权益(或股东权益)总计	40 120 394.29	52 661 351.33	61 909 968.16

附表二   ×××装饰有限公司利润表

单位:元

项目	2016 年	2017 年	2018 年
一、营业收入	41 397 579.31	47 585 350.00	51 562 434.54
减:营业成本	32 372 132.23	35 158 174.07	38 139 445.87
税金及附加	133 170.62	249 134.77	239 935.51
销售费用	1 451 523.28	1 567 645.14	1 755 762.55
管理费用	1 397 292.36	1 814 308.85	1 970 161.78
财务费用	175 500.25	129 449.98	124 000.00
资产减值损失			
加:公允价值变动收益(损失以"－"号填列)			
投资收益(损失以"－"号填列)			
其中:对联营企业和合营企业的投资收益			
资产处置收益(损失以"－"号填列)			
其他收益			
二、营业利润(亏损以"－"号填列)	5 867 960.57	8 666 637.19	9 333 128.83
加:营业外收入			
减:营业外支出			
三、利润总额(亏损总额以"－"号填列)	5 867 960.57	8 666 637.19	9 333 128.83
减:所得税费用	1 466 990.14	1 447 668.21	1 961 301.56
四、净利润(净亏损以"－"号填列)	4 400 970.43	7 218 968.98	7 371 827.27

×××装饰有限公司现金流量表

单位:元

项目	2016 年	2017 年	2018 年
一、经营活动产生的现金流量:			
销售商品、提供劳务收到的现金	29 199 174.55	43 474 170.95	55 341 362.11
收到的税费返还			
收到的其他与经营活动有关的现金			
经营活动现金流入小计	29 199 174.55	43 474 170.95	55 341 362.11
购买商品接受、劳务支付的现金	27 980 516.35	35 701 598.77	40 934 197.67
支付给职工以及为职工支付的现金	3 495 745.87	3 512 496.80	4 705 453.75
支付的各项税费			
支付其他与经营活动有关的现金	1 872 128.30	1 093 759.55	8 109 524.07
经营活动现金流出小计	33 348 390.52	40 307 855.12	53 749 175.49
经营活动产生的现金流量净额	– 4 149 215.97	3 166 315.83	1 592 186.62
二、投资活动产生的现金流量:			
收回投资收到的现金			
取得投资收益收到的现金			
处置固定资产、无形资产和其他长期资产收回的现金净额			
处置子公司和其他营业单位收到的现金净额			
收到其他与投资活动有关的现金			
投资活动现金流入小计	0.00	0.00	0.00
购建固定资产、无形资产和其他长期资产支付的现金	6 626 901.00	707 442.26	390 406.66
投资支付的现金			
取得子公司及其他营业单位支付的现金净额			
支付其他与投资活动有关的现金			

项目	2016 年	2017 年	2018 年
投资活动现金流出小计	6 626 901.00	707 442.26	390 406.66
投资活动产生的现金流量净额	− 6 626 901.00	− 707 442.26	− 390 406.66
三、筹资活动产生的现金流量：			
吸收投资收到的现金	5 000 000.00		
取得借款收到的现金	5 850 008.37	− 2 201 675.77	− 848 332.60
收到其他与筹资活动有关的现金			
筹资活动现金流入小计	10 850 008.37	− 2 201 675.77	− 848 332.60
偿还债务支付的现金			
分配股利、利润或偿付利息支付的现金			
支付其他与筹资活动有关的现金			
筹资活动现金流出小计	0.00	0.00	0.00
筹资活动产生的现金流量净额	10 850 008.37	− 2 201 675.77	− 848 332.60
四、汇率变动对现金及现金等价物的影响			
五、现金及现金等价物净增加额	73 891.40	257 197.80	353 447.36
加：期初现金及现金等价物余额			
六、期末现金及现金等价物余额	6 073 891.40	6 331 089.20	6 684 536.56

×××装饰有限公司 2018 年预计资产负债表

单位：元

资产	2018 预算	负债和所有者权益（或股东权益）	2018 预算
流动资产：		流动负债：	
货币资金	7 680 752.58	短期借款	4 195 582.49
以公允价值计量且其变动计入当期损益的金融资产		以公允价值计量且其变动计入当期损益的金融负债	
衍生金融资产		衍生金融负债	
应收票据		应付票据	
应收账款	34 877 465.48	应付账款	28 584 902.24
预付款项	5 709 795.10	预收款项	1 194 900.24
应收利息		应付职工薪酬	122 769.52
应收股利		应交税费	6 641 848.56
其他应收款	5 554 242.04	应付利息	41 955.83
存货	514 284.11	应付股利	
持有待售资产		其他应付款	2 506 686.25
一年内到期的非流动资产		持有待售负债	
其他流动资产		一年内到期的非流动负债	
流动资产合计	54 336 539.31	其他流动负债	
非流动资产：		流动负债合计	43 288 645.13
可供出售金融资产		非流动负债：	
持有至到期投资		长期借款	
长期应收款		应付债券	
长期股权投资		其中:优先股	
投资性房地产		永续债	
固定资产	6 575 893.26	长期应付款	
累计折旧	940 314.18	专项应付款	
在建工程		预计负债	
工程物资		递延收益	
固定资产清理		递延所得税负债	
生产性生物资产		其他非流动负债	
油气资产		非流动负债合计	
无形资产	728 900.00	负债合计	43 288 645.13

附录 下篇附表

资产	2018 预算	负债和所有者权益（或股东权益）	2018 预算
开发支出		所有者权益（或股东权益）：	
商誉		实收资本（或股本）	10 000 000.00
长期待摊费用		其他权益工具	
递延所得税资产		其中:优先股	
其他非流动资产		永续债	
非流动资产合计	6 364 479.08	资本公积	
		减:库存股	
		其他综合收益	
		盈余公积	1 373 845.02
		未分配利润	6 038 528.24
		所有者权益（或股东权益）合计	17 412 373.26
资产总计	60 701 018.39	负债和所有者权益（或股东权益）总计	60 701 018.39

×××装饰有限公司 2018 年预计利润表

单位:元

项目	2018 预算
一、营业收入	49 743 990.00
减:营业成本	40 057 800.00
税金及附加	286 500.00
销售费用	1 802 800.00
管理费用	2 086 500.00
财务费用	522 900.00
资产减值损失	
加:公允价值变动收益(损失以"-"号填列)	
投资收益(损失以"-"号填列)	
其中:对联营企业和合营企业的投资收益	
资产处置收益(损失以"-"号填列)	
其他收益	
二、营业利润(亏损以"-"号填列)	4 987 490.00
加:营业外收入	
减:营业外支出	
三、利润总额(亏损总额以"-"号填列)	4 987 490.00
减:所得税费用	1 246 872.50
四、净利润(净亏损以"-"号填列)	3 740 617.50

附表六

×××装饰有限公司2017年度营业收入明细表

大类	小类	平均面积(平方米)	平均单价(元/平方米)	全年销售收入(元)	户均金额[元/(栋·套)]	装修数量(栋·套)	装修总面积(平方米)	销量占比	一季度收入(元)	二季度收入(元)	三季度收入(元)	四季度收入(元)
别墅	尊享独栋别墅	425	1 328	15 803 200.00	564 400.00	28	11 900	25.93%	1 693 200.00	5 079 600.00	3 386 400.00	5 644 000.00
	品质独栋别墅	275	1 083	10 721 700.00	297 825.00	36	9 900	33.33%	893 475.00	3 871 725.00	2 680 425.00	3 276 075.00
	舒适独栋别墅	165	1 083	7 862 580.00	178 695.00	44	7 260	40.74%	1 072 170.00	2 144 340.00	2 323 035.00	2 323 035.00
	小计	—	—	34 387 480.00	—	108	29 060	37.89%	3 658 845.00	11 095 665.00	8 389 860.00	11 243 110.00
普通住宅	尊享天伦家居	130	910	5 678 400.00	118 300.00	48	6 240	27.12%	591 500.00	1 656 200.00	1 419 600.00	2 011 100.00
	品质成功家居	90	787	3 470 670.00	70 830.00	49	4 410	27.68%	424 980.00	1 133 280.00	779 130.00	1 133 280.00
	舒适温馨家居	70	723	4 048 800.00	50 610.00	80	5 600	45.20%	556 710.00	1 113 420.00	961 590.00	1 417 080.00
	小计	—	—	13 197 870.00	—	177	16 250	62.11%	1 573 190.00	3 902 900.00	3 160 320.00	4 561 460.00
合计		—	—	47 585 350.00	—	285	—	100.00%	5 232 035.00	14 998 565.00	11 550 180.00	15 804 570.00

附表七　　　　　　　　　　×××装饰有限公司 2018 年年初家装销售收入预算明细表

大类	小类	平均面积（平方米）	平均单价（元/平方米）	预算销售收入（元）	户均金额[元/（栋、套）]	预算装修数量（栋、套）
别墅	尊享独栋别墅	425	1 395.00	16 600 500.00	592 875.00	28
	品质独栋别墅	275	1 137.00	10 630 950.00	312 675.00	34
	舒适独栋别墅	165	1 137.00	7 691 805.00	187 605.00	41
普通住宅	尊享天伦家居	130	954.00	6 325 020.00	124 020.00	51
	品质成功家居	90	827.00	3 870 360.00	74 430.00	52
	舒适温馨家居	70	759.50	4 625 355.00	53 165.00	87
合计		—		49 743 990.00	—	293

附表八

×××装饰有限公司 2018 年度营业收入明细表

大类	小类	平均面积（平方米）	平均单价（元/平方米）	全年销售收入（元）	户均金额[元/(栋·套)]	装修数量（栋·套）	装修总面积（平方米）	销量占比	一季度收入（元）	二季度收入（元）	三季度收入（元）	四季度收入（元）
别墅	尊享独栋别墅	425	1 378.46	16 989 568.80	585 847.20	29	12 325	27.10%	2 343 388.80	4 686 777.60	4 100 930.40	5 858 472.00
	品质独栋别墅	275	1 124.15	10 510 839.90	309 142.35	34	9 350	31.78%	927 427.05	3 709 708.20	2 782 281.15	3 091 423.50
	舒适独栋别墅	165	1 124.15	8 161 358.04	185 485.41	44	7 260	41.12%	1 483 883.28	2 411 310.33	2 040 339.51	2 225 824.92
	小计	—	—	35 661 766.74	—	107	28 935	34.74%	4 754 699.13	10 807 796.13	8 923 551.06	11 175 720.42
普通住宅	尊享天伦家居	130	964.60	6 771 492.00	125 398.00	54	7 020	26.86%	626 990.00	2 006 368.00	1 880 970.00	2 257 164.00
	品质成功家居	90	834.22	4 354 628.40	75 079.80	58	5 220	28.86%	525 558.60	1 276 356.60	1 276 356.60	1 276 356.60
	舒适温馨家居	70	766.38	4 774 547.40	53 646.60	89	6 230	44.28%	643 759.20	1 341 165.00	1 180 225.20	1 609 398.00
	小计	—	—	15 900 667.80	—	201	18 470	65.26%	1 796 307.80	4 623 889.60	4 337 551.80	5 142 918.60
合计		—	—	51 562 434.54	—	308	—	100.00%	6 551 006.93	15 431 685.73	13 261 102.86	16 318 639.02

制表人：×××　　　　复核人：×××

附表九 　　　　　　　　　　××× 装饰有限公司营业成本明细表

单位:元

项目	2017 年	2018 年	2018 年
	实际	预算	实际
尊享独栋别墅	11 420 966.76	13 354 450.00	13 048 257.29
品质独栋别墅	7 749 657.89	8 564 513.00	6 959 816.79
舒适独栋别墅	5 682 283.64	6 196 675.00	5 271 379.64
小计	24 852 908.29	28 115 638.00	25 279 453.72
尊享天伦家居	4 372 332.75	5 102 907.00	5 541 322.17
品质成功家居	2 821 783.41	3 115 181.00	3 730 086.36
舒适温馨家居	3 111 149.62	3 724 074.00	3 588 583.62
小计	10 305 265.78	11 942 162.00	12 859 992.15
合计	35 158 174.07	40 057 800.00	38 139 445.87